AF359339

INVENTAIRE

DES

ARCHIVES DES CHATEAUX BRETONS

Extrait des Mémoires de la Société d'Émulation des Côtes-du-Nord

INVENTAIRE

DES

ARCHIVES DES CHATEAUX BRETONS

V

ARCHIVES DU CHATEAU DE BONABRI

(Côtes-du-Nord)

FAMILLE DE LA ROUËRIE
1405—1785

PUBLIÉES PAR

M. Alain RAISON DU CLEUZIOU

SAINT-BRIEUC

IMPRIMERIE FRANCISQUE GUYON, LIBRAIRE-ÉDITEUR

Rues Saint-Gilles, 4, et de la Préfecture, 18.

1896.

INVENTAIRE

DES

ARCHIVES DU CHATEAU DE BONABRI

(COTES-DU-NORD)

INTRODUCTION

Les barques de pêche qui sortent du havre du Légué et se dirigent vers le large en luttant contre les vagues soulevées par les vents d'Ouest, laissent à droite une anse profonde, retirée au milieu des terres, où les flots sont calmes et viennent mourir doucement sur un sable fin et blanc. En ce lieu les falaises escarpées qui bordent nos côtes s'abaissent, les arbres poussent leurs racines jusque dans la grève, des gazons descendent en pente douce vers le rivage et derrière des charmilles on aperçoit les blanches murailles d'un château blotti au milieu des grands arbres. Un colombier, une vieille chapelle dédiée à Saint-Gilles, vocable qui, à lui seul, évoque l'idée du moyen-âge, témoignent de l'antiquité de cette demeure. Construit dans une vallée, à l'ombre des bois, en face de l'horizon bleu de la mer où passent dans un rayon de soleil des voiles rouges ou blanches, ce manoir ne pouvait ressembler aux maisons fortes d'un aspect sombre et triste qu'on établissait sur les hauteurs, ses propriétaires étaient mieux gardés par l'amour de leurs voisins que par des tourelles et des portes closes, et ils lui ont donné un nom qui sonne à l'oreille du visiteur comme un joyeux salut : c'est Bonabri, ancienne et noble maison, comme on disait jadis.

Les demeures de l'homme semblent prendre quelque chose de sa personnalité, et comme les vieillards qui se plaisent aux longs récits, les manoirs sur le faîte desquels les siècles ont passé conservent le souvenir des choses d'autrefois. Peut-être n'est-il pas sans intérêt de demander à leurs vieilles murailles l'histoire de nos pères : l'histoire est un livre ouvert que Dieu met à notre disposition pour nous faire profiter de l'expérience des générations passées. Tandis que les ruines, où chaque année les nids viennent remplacer la pierre qui tombe, évoquent de merveilleuses légendes, œuvres de l'imagination populaire s'exerçant sur un fait historique, les châteaux plus heureux, que le temps et les révolutions ont épargné, ouvrent aux chercheurs leurs archives qui conservent le récit exact des événements passés. Bonabri a vu se succéder bien des générations : antique manoir, son histoire remonte au XVᵉᵐᵉ siècle, ses archives sont riches et des plus intéressantes.

Ce n'est pas l'inventaire général de Bonabri que j'entreprends de donner ici, un volume n'y suffirait pas, j'ai pris une simple liasse intéressant la famille du célèbre chef royaliste Armand de la Rouërie. Je ne dirai rien des pièces que j'analyse, les lecteurs apprécieront l'intérêt qu'elles présentent. Je me suis efforcé de les résumer en transcrivant dans chaque acte les passages les plus importants, me bornant à les relier entre eux. J'ai donc respecté l'orthographe ancienne surtout celle des noms propres. Quelques-uns de ces actes sont même reproduits intégralement non pas d'après les originaux, car, sauf quelques exceptions que j'indique, le dossier n'en contient pas, il est formé d'une série de copies authentiques sur parchemin qui portent les deux signatures suivantes : « collationné par nous escuyer conseiller secrétaire du Roy maison et couronne de France : Mezanger » ; et plus bas : « pour vérification Thérèse de la Belinaye, douairière de la Rouërie, tutrice de mes enfants. »

Le dossier ne renferme malheureusement qu'une ou deux pièces concernant Armand de la Rouërie, c'est une lacune qu'il est permis de regretter, mais j'ai cru cependant qu'il offrait un grand intérêt, car c'est l'esprit de tradition, l'éducation de la famille qui forment le caractère et il est peut-être possible de trouver dans l'histoire des ancêtres de la Rouërie, l'origine de cet esprit chevaleresque et entreprenant qu'il mit au service d'une noble fidélité. Je n'ai pas cru pouvoir mieux choisir au milieu des archives de Bonabri que Mᵐᵉ la vicomtesse et M. le vicomte du Foû de Kerdaniel m'ont si gracieusement ouvertes, qu'ils me permettent de leur faire le respectueux hommage de cette publication qui leur appartient à tous les titres.

Je dois aussi adresser mes remerciements à M. le marquis de l'Estourbeillon qui a bien voulu lui donner place dans la collection de ses inventaires. La commission spéciale nommée par la Société d'Emulation pour répondre à l'appel de M. de l'Estourbeillon, m'a chargé, malgré mon inexpérience, du soin de publier ce premier inventaire, qu'un autre eut fait mieux que moi, puisse-t-il répondre aux désirs de M. de l'Estourbeillon et montrer autant que possible l'intérêt historique que présentent les archives particulières.

FAMILLE DE LA ROUËRIE

— 1 —

1405. — Minu rendu à Jehan Gedouin receveur de Saint-Aubin-du-Cormier par Guillaume des Forgettes pour le ligement du rachapt des terres que Bertrand son père tenait à foi et prochement de Monseigneur de Bretagne. — Savoir : le lieu et hébergement d'Aubrelère où demeurait ledit Bertrand au temps de son décès, etc., *copie non signée.*

— 2 —

19 janvier 1452. — Accord intervenu entre Jan Tuffin, sieur de La Royrie, fils aîné de Pierre Tuffin, et Jan Tuffin son frère cadet, au sujet de la succession de leurs communs père et mère. — Jan Tuffin, le jeune, ayant ajourné son frère aîné par devant la cour de Rennes en demande de son droit et portion ès successions à eux echeues à cause du décès de leurs père et mère, seigneur et dame en leur vivant du lieu de La Royerie, ledit Jan, l'aîné, répondit qu'il était fils aîné, héritier principal et noble, et que leurs prédécesseurs avoient accoustumés se gouverner noblement et avantageusement selon l'assise au comte Geffroy et, pour en informer, ledit Jean Tuffin a apparu deux accords et partages duement passés et scellés, autrefois faits entre leurs prédécesseurs, auxquels partages est contenu : que les prédécesseurs pères desdits Jan et Jan les Tuffins avaient partagé avec leurs juveigneurs noblement et avantageusement et avaient promis et juré pour eux et leurs hoirs au temps à venir se gouverner en leurs partages selon l'assise. Ledit Jan Tuffin, le jeune, ayant ensuite remontré que le tout desdites successions n'étoit noble ains que en avoient aucuns acquets non nobles : sur quoy, pour éviter les procès et inimitiés, ledit Jan Tuffin aîné a donné à son frère pour qu'il en jouisse à *bienfait*, sa vie durant, 50 livres de rente monnoye payable chacun an par la main de son dit frère en deux termes, savoir à la Saint-Jan et à Noël, et au regard des biens non nobles lui a payé la somme de deux cents livres moyennant laquelle ledit juveigneur lui a laissé et quitté le tout desdites successions.

Fait et passé en la ville d'Antrain le 19 janvier 1452. Signé à la grosse : Landery et Trehet, passeurs.

3 —

24 juin 1454. — « Pierre par la grâce de Dieu, duc de Bretagne, comte de Montfort et de Richemond, à notre bien amé, noble homme Jan Tuffin, sieur de La Rouërie, salut. — Il nous a été remontré que sur les marchés de notre dit duché vers le duché de Normandie en nos châtelenies d'Antrain et de Bazouges-la-Pérouse, il y a aucuns de nos sujets pour faire leur particulier profit, sans toutes fois considérer la nécessité de la chose publique et le grand danger qui en pourroit venir en notre dit pays et duché, qui fait et font de jour à autre amas et greniers de bled en grand nombre, puis les font tirer et mener tant de jour que de nuit hors de notre dit pays et duché, tant par mer que par terre, à notre grand préjudice et de nos sujets, et que n'est permis à nul de ce faire sans nos congés et licences, pour quoy le bled est grandement enchery en notre dit pays et duché : — Nous, voulant toujours conserver et garder le profit et utilité de la chose publique de notre dit pays et duché, à ce pourvoir nous mandons et expressément commendons, que faitte de par nous bannir et deffendre à Antrain et à Bazouges-la-Pérouse et autres lieux sur lesdits marchés que verrez l'expédiant, que nul de nos dits sujets n'acheptent bled ny autres blateries pour en faire amas, sinon pour leur provision de une année seulement, chacun selon son état, et de non en tirer ou faire tirer ou mettre hors de notre dit duché par eux ne par autres, ny bailler à étrangers pour ce faire, sur peine de confiscation dudit bled, charettes, bœufs, chevaux et navires, et les gens conducteurs desdits bleds, punis selon droit et justice comme à nous désobéissants et contrevenants à nous et à nos deffenses, et commettez gens de bonne confiance à garder les portes et passages, auxquels voulons et ordonnons qu'ils jouissent de la quarte partie des choses ainsy confisquées pour leurs peinnes et vacations, pourvu que dedans huit jours après la prinse ils nous en fassent bon et loyal rapport, et en ce lesdits gardes et rapporteurs ne commettent fraude ny abus sur peinne d'être punis par forban et confiscation de leurs biens meubles. Si gardez que en ce n'y ait faute, car tel est notre plaisir et ainsy l'avons ordonné. Donné à notre ville de Rennes, le 24 juin l'an mil quatre cent cinquante-quatre, signé : Pierre, et plus bas : Par le commendement de Monseigneur le duc et son conseil, signé : Raoullet, avec paraphe et scellé d'un sceau en cire rouge. » (1)

— + —

29 juillet 1484. — Sachent tous présents et à venir que en traitant et parlant les parolles du contrat et marché de mariage d'entre noble Roullet Tuffin, fils aisné de Jan Tuffin et de Catherine de Furgon, sa femme, sieur et dame de La Royerie, d'une part, et Louise Le Sénéchal, fille de nobles gens, Gilles Le Sénéchal et de Janne Ferron, sa compagne, sieur et dame du Rocher, d'autre part ; se sont aujourd'huy, par notre cour de Rennes, devant nous comparus ledit seigneur du Rocher et François Le Sénéchal, son fils aîné, de lui autorisé... Ledit Jan Tuffin a voulu que celle Louise, au cas que ledit Roulet, Tuffin décéderait par avant lui, jouisse sur ses héritages de 15 livres de rente par douaire, sa vie durant... lesdits Sénéchal du Rocher et François, son fils, chacun pour tant que lui touche, ont octroié à ladite Louise, quelle jouisse de

(1) Les actes ou les passages d'actes *entre guillemets* sont transcrits intégralement.

son droit, portion et avenant tout au large comme luy pourra avenir de quelque cause et succession que ce soit, et que à ladite Louise demeurent tous les meubles qui luy appartiennent à présent, et qu'elle a et possède, outre luy donneront trousseau suffisant et honneste selon son état... outre a été présent Vincent Tuffin, frère juveigneur dudit Roullet, autorisé de son père, qui ayant agréable ledit mariage, voulut et octroya audit Roullet, son frère aîné, que iceluy Roullet jouist par héritage, comme fils aîné, du tout des successions desdits Jan Tuffin et Catherine de Furgon et autres successions collatérales fors et réservé audit Vincent à jouir et avoir comme fils juveigneur, ailleurs que au lieu et demeure de La Royerie, son droit par bienfait et non autrement. Et fut présent par notre dite cour ledit Roullet Tuffin, lequel accepta le contenu en ces présentes. Et outre a été convenu au cas que lesdits Jan Tuffin et sa femme ou l'un d'eux ne voudroint que ledit Roullet et sa femme demeurassent avec eux, que ledit Jan Tuffin sera tenu bailler et asseoir à Roullet Tuffin le nombre de 15 livres de rente... Fait et passé au lieu et manoir du Rocher. Signé à la grosse : Deslandes, passeur.

— 5 —

26 may 1512. — Traité entre Raoul Tuffin et Jeanne, sa sœur, épouse de Jan Pinnier, au sujet des 10 livres de rente promis à ladite Janne, en son contrat de mariage, pour sa part de l'héritage de ses père et mère. Raoul Tuffin cède à sa sœur, entre autres choses, 20 sols de rente successive dus sur la maison dudit Pinnier à Catherine de Furgon, leur défunte mère, cette rente lui avait été cédée par Jan de Furgon, seigneur de Furgon, son frère aîné. Fait en la ville d'Antrain, signé à la grosse : Michel Le Bon, passeur, et de Herland, passeur.

— 6 —

1er février 1515. — Contrat de mariage de Jullien de Carnet, fils aîné, héritier principal et noble de Rolland de Carnet, en son vivant seigneur de Marigné (Normandie) — et damoiselle Margueritte Tuffin, fille de deffunt Raoul Tuffin, en son vivant seigneur de La Royerie. et de damoiselle Louise Le Sénéchal. — Vincent Tuffin, son frère aîné, du consentement de Louise Le Sénéchal, promet à sa sœur, pour tout le droit qui peut lui revenir, tant de la succession de son défunt père, que de la succession future de sa mère, une rente annuelle de 15 livres tournois, savoir 10 livres immédiatement, 5 livres au décès de sa mère, cette rente pouvant être libérée par le versement de 300 livres tournois, qui seront constitués propres à la future épouse. Le seigneur de La Royerie versera également, dans l'an qui suivra le mariage, la somme de 100 livres tournois, qui devront être employés en acquets propres à ladite demoiselle. Fait en la maison dudit Tuffin. Signé François Gérard, passeur. Au pied de l'acte, quittance de la somme de 100 livres, donnée le 26 may 1516 par Jullien de Carnet à Vincent Tuffin.

— 7 —

30 novembre 1518. — Traité passé entre Vincent Tuffin, fils aîné de nobles gens Raoul Tuffin et Louise Le Sénéchal, et Rolland Tuffin, Jan Tuffin ses frères cadets. Vincent donne à ses juveigneurs le lieu de Baumeres situé en la paroisse de Saint-Ouen de La Royerie, la vieille maison de la ville d'Antrain, etc., pour leur tenir lieu de part dans la succession de leurs père et mère, — signé : François Le Sénéchal, pass.; Amaury Pinnier, pass.; Tuffin, pass.; et Tuffin, pass.;

— 8 —

22 juin 1524. — Transaction sur procés entre escuyer Vincent Tuffin, seigneur de La Royerie, d'une part, et Jean Tuffin, son frère juveigneur, d'autre part, touchant les successions de feus nobles gens Raoul Tuffin et damoiselle Louise Le Sénéchal leur père et mère, ledit Jan Tuffin disant que par

le premier transact passé par la cour d'Antrain et de Saint-Brice
au sujet desdites successions le penultième jour de novembre,
l'an 1518 il aurait été deceu d'outre moitié et juste prix, en
tant que avoit confessé la succession être avantageuse pourtant
que y avait grand nombre d'icelles choses leurs succédées
roturières. Aussi disait ledit Jean n'être que quatre enfants à
prendre dans icelle succession, et que appert le contraire par
leur susdit appointement, et de fait étaient au temps de cet
appointement six enfants. Sur le différent de quoy, se pourrait
nourrir grand procès au grand cout perte et dommage des
parties, pour a quoi obvier et entre icelles mettre bonne paix,
union et accord comme entre bons frères et amis, sachent
tous qu'ils se sont comparus par notre cour d'Antrain, etc...
Jean renonce à son action et reconnait valable le traité du
30 novembre 1518, son frère lui donne à titre de pur don la
somme de 60 livres tournois, restituables avec intérêts et
dépens du procès, si Jean attaque de nouveau le premier traité
passé entre eux. — Passé en la ville d'Antrain ès jardins
derrière la maison dudit sieur de La Royrie. Signé à la grosse :
Amaury Pinnier et du Bourgel, passeurs.

— 9 —

17 septembre 1526. — Vincent Tuffin, escuyer, seigneur de La
Royrie restant redevable envers son frère juveigneur Jan Tuffin,
seigneur du Vauthullin, d'une somme de 10 livres de rente
représentant un capital de 400 livres tournois pour achever
de le remplir de ses droits dans la succession de Raoul Tuffin
et Louise Le Sénéchal, leurs père et mère, ledit Vincent
subroge son frère en l'acquet de 10 livres de rente sur le lieu
de La Hermays, paroisse de Halbloy, cession consentie audit
Jan agissant pour son frère Vincent, par damoiselle Perrine Le
Sénéchal, femme de Guillaume Turpin, escuyer, sieur du
Champlot. Fait en la ville d'Antrain en la maison de messire
Jean Tutlin, signé à la grosse : du Bourgel, passeur, et de La
Gournee, passeur.

14 janvier 1532. — Attestation de noblesse de Allain Pinnier.

.... « Aujourd'hui en notre court d'Antrain, s'est comparu noble homme maistre Alain Pinnier en jugement, homme et subjet de notre ditte court, lequel nous requérant luy bailler attestation sous nos signes et sceaux comment il est légitime et de noble parenté tant par devers père que par devers mère a produit tesmoings savoir : noble escuyer Merye des Sceaulx, seigneur de Frontigné et de La Bulonière, noble escuyer Jean Liger, seigneur d'Ardane, messire Guillaume Brunne, seigneur de Monlouet, noble escuyer François Le Vaies, seigneur Desguest, Jacques Gontier, seigneur de Pinscé, messire Jan Gontier, lieutenant de Monsieur le Procureur de notre dite cour, noble escuyer Leonard du Bourgel, lesquels après avoir juré, etc..., disent, chacun d'eux séparément recordé avoir connaissance d'iceluy Pinnier et pareillement avoir veu et connu noble escuyer deffeunt Jan Pinnier en son temps seigneur de Launay de Lauberaye et de La Barbaye, lequel était sujet aux armes et aux montrées généralles être appelé au rancg des gentilshommes et user de faits nobles et comme gentilhomme luy et ses prédécesseurs, pareillement disent avoir connu noble damoiselle Janne Tuffin, fille de noble escuyer Jean Tuffin et noble demoiselle Catherine de Furgon, en leur temps seigneur et dame de La Royerie de La Motte et du Vauxhullin, lesquels sieurs de La Royerie recordent les dits temoins estre nobles et se gouverner noblement, etc....., lequel maître Allain Pinnier est fils légitime dudit Jean Pinnier et Janne Tuffin sa compagne, et pareillement connaissent noble ecuyer Amaury Pinnier, seigneur de Launay-Pinnier, de La Barbais et du Mesnil Ozanne, frère aîné dudit Mre Allain, lesquels sont nobles personnes ayant demeurances nobles, fiefs, etc...... eux et leurs prédécesseurs, tant que n'est mémoire d'homme du contraire, parquoy après avoir été deuement informés par lesdits tesmoins avons ordonné luy en être baillé attestation exacte à valoir audit maistre Allain Pinnier, etc.

Signé à la grosse : Ledubourgel, passeur ».

— II —

16 janvier 1541. — Contrat de mariage entre maistre Geffroy Tuffin, écuyer, sieur de La Motte, fils juveigneur et puisné de Vincent Tuffin, écuyer, sieur de La Royrie, et de damoiselle Georgine du Meyx, sa compagne, — et damoiselle Janne de La Vieuxville, fille juveigneure et puisnée de René de La Vieuxville, écuyer, sieur dudit lieu, et de Gaisné et damoiselle Janne de Poncel, sa femme, ladite demoiselle, assistée de ses père et mère, présent César de La Vieuxville, son frère aîné. — Ses parents lui constituent en avancement d'hoirie une rente de 50 livres tournois dont ils ne lui paieront que 25 pendant leur vie, leur fils César pourra se libérer en versant à sa sœur la somme de 1,000 livres, les sieurs et dame de la Vieuville ont promis de plus bailler à leur fille accoutrement de mariage selon sa qualité de noblesse, moyennant quoy ladite demoiselle a quitté son frère de tous droits à venir de successions, tant directes que collatérales fors en deffault de ligne. A été présente aussi audit contrat damoiselle Catherine Le Bateure, dame de La Hunaudays et du Chastelier, épouse de Guillaume Tuffin, escuyer, sieur du Vaugarny, celui sieur du Vaugarny aussi présent, autorisé de son père et autorisant sa femme, laquelle a cédé audit Geffroy, acceptant pour lui et ses hoirs la tierce partie de tous ses héritages, au cas que ladite Catherine décéderoit sans hoirs procréés de sa chair, ledit Geffroy n'aura toutefois la jouissance des fruits et levées qu'après le décès d'icelle Catherine, et sans préjudicier au sieur du Vaugarny que il ne jouisse après le décès de sa femme, de certaine donaison luy faite par elle en faveur de leur mariage, du 15 may 1527. Sans préjudicier aussy au sieur de La Vieuxville au droit de récompense que luy ou ses hoirs voudront demander lors du décès de la demoiselle Catherine, si elle décédoit sans hoirs de sa chair, par cause de sa succession en ligne maternelle qui, par raison, appartient au sieur de La Vieuxville, frère aîné de la mère d'icelle Catherine, laquelle avait vendu et transporté son droit naturel par raquitter le lieu et domaine des Hunaudays et du Chastellier, du nombre de 35 livres de rente vers les sieurs de Tiercent et de Chaudebœuf, ce dont le sieur de La Vieuxville entend faire preuve, etc. Signé au registre par les parties ci-dessus nommées et par noble homme François du Hallay, sieur de Bouteville, Guillaume du Chastellier, escuyer, sieur de Vilavran, Jacques Harpin, escuyer, sieur de La Chesnays, Pierre de La Vieuxville, escuyer, sieur des Moulins, maistre Allain Pinel, Gilles Gitton, escuyer, seigneur d'Atré, dom Georges Bouffort, curé du Chastellier, etc.

24 janvier 1545. — Par devant nous, notaires des cours de Fougères et Antrain, ont été présents maître Geffroy Tuffin, escuyer, sieur de **La Motte**, fils puisné de noble homme Vincent Tuffin et demoiselle Georgine du Meyx, sa femme, sieur et dame de La Royrie et de Taillay, lequel a fait humble supplication à ses dits père et mère, le pourvoir en leurs successions futures en meubles et en héritages, pour éviter les procès qui pourraient ensuivre entre lui et son frère aîné, noble homme Guillaume Tuffin, escuyer, sieur du Vaugarny. Ne voulant ledit Geffroy prendre rien ès dites successions, que à la bonne volonté et discrétion de ses père et mère, et ceux seigneur et dame de La Royerie, considérant la requeste et demande de leur dit fils, être raisonnable et de équité, déclarant ensuite qu'ils sont nobles et se gouvernant noblement, ont de leur bon plaisir et libéralle volonté déclaré et ordonné que leur décès advenu, leur fils Geffroy prenne la tierce partie, tant de leurs biens meubles, que héritages, rentes et choses héritelles, tant au noble que au roturier, pour en jouir lui et ses hoirs, le dernier survivant du sieur et dame de La Royerie, conservant toutefois jusqu'à sa mort la jouissance des meubles. Ce que ledit maître Geffroy a accepté et a déclaré soy contenter de ladite tierce partie, etc... Fait et consenti en la ville d'Antrain en la maison du sieur de La Royerie, le 24 jour de janvier, l'an 1545. Signé : Recullier, passeur.

— 13 —

21 décembre 1549. — Sauvegarde accordée par le Roy Henry II à Guillaume Tuffin, pour lui, ses serviteurs, domestiques, commensaulx, procureurs, solliciteurs et gérans de ses biens, prohibant et défendant lui méfaire sur droit en corps ou en bien en aucunes manières ès peines en tel cas pertinentes. Donné à Rennes, et signé : par le Roi à la relation du Conseil Py. Guilmen. — Aux plectz généraux de la cour d'Antrain, tenus par noble homme Jean du Chastelier, sénéchal d'icelle, du 9 janvier 1549, a comparu Guillaume Tuffin, sieur de La Royerie, quel a présenté ledit mandement de sauvegarde qui a été baillé pour être publié, et a été ordonné suivant la teneur du mandement, pannonceaux et écussons être apposés aux endroits y déclarés. etc. Fait par la cour d'Antrain, signé : Coquet. — Signification dudit mandement à haut et puissant seigneur, Pierre de la Marzelière, en son château de Bonnefontaine, par Gilles Richard, sergent général d'armes ès pays et duché de Bretagne, le 25 janvier 1549.

— 14 —

8 et 9 janvier 1550. — Enquête par la cour de Rennes, pour Guillaume Tuffin, escuyer, sieur de La Royerie, deffendeur contre escuyer François de Montmoron et demoiselle Georgine du Meyx, son épouse, en secondes nopces, mère dudit Guillaume Tuffin. — Signée : Bertrand d'Argentré, sénéchal, Gilles Lezot, notaire royal, Me François Millet, greffier.

Les huit témoins entendus dans cette enquête, métayers ou anciens métayers, ou fils d'anciens métayers des parties en cause, déposent d'une façon unanime qu'ils ne savent ce dont il s'agit au procès, mais que souvent la demoiselle du Meyx leur a dit combien elle était affligée de voir son mary et son fils plaider l'un contre l'autre, qu'elle a été bien aise d'accorder avec ses enfants, disant qu'elle estimait qu'ils seraient gens de bien ensemble, et que son plus cher désir serait de voir son fils et son mari bons amis. Guillemette Louayseloux, épouse de Pierre Gonnet, dépose que « environ la Saint-Jean d'été, elle et son dit mary furent au lieu de Montmoron pour porter la somme de cent livres monnoie qu'ils devoient à cause de la ferme de la mestayerie de Lettay, que ils tenoient desdits seigneur et dame de Montmoron et étoit ledit pöyement pour le sauffement de l'année, étant arrivés auquel lieu de Montmoron, y trouvèrent la dame du dit lieu, nommée Georgine du Meix, mère dudit Tuffin, et fut dit à celle parlante que ledit seigneur de Montmoron étoit à des nopces d'une fille d'un personnaige nommé Petitpré de La Bourreigarde de Rismon, furent cette ditte parlante et son dit mary s'atardés audit lieu jusqu'à presque nuit, et devisèrent cette dite parlante et ladite dame de Montmoron plusieurs propos et entre autres dit ladite demoiselle que elle avait été malade en la semainne, disant que elle ne sçaurait être saine, pourtant que elle étoit marie de la cause et proceix que avoient ensemble le seigneur de La Royerie, son fils, et le seigneur de Montmoron, son mary, disant que elle eut voulu que Dieu eut fait son commandement d'elle, affin que les biens fussent allés où ils devaient aller, et semble à cette parlante que elle dit qu'elle étoit bien marie que l'on faisoit ainsi perdre le bien à son fils, et de vérité ne sauroit affirmer quels propos cette demoiselle tint ainsi à elle qui parle, en plorant, ressemblant estre fort courroucée et marie dudit proceix, étant en une chambre, à vis de la salle dudit lieu ».

— 15 —

25 octobre 1565. — Contrat de mariage de noble homme Guillaume Tuffin, escuyer, sieur de La Royrie de Taillay, et noble damoiselle Louise de Lassy, sœur aînée de noble homme Christophe de Lassy, escuyer, sieur de Moullinnes, quel sieur de la Royrie, pour éviter aux procès qui pourroient advenir entre ses héritiers et ladite demoiselle et ses hoirs, et en faveur dudit mariage, a donné pour tout héritage aux enfants masles qui pourront provenir de leur mariage, les maisons, terres et fiefs de Tayllay, de Vaugarny et de Paron, et au cas où il n'y aurait que des filles, le sieur de La Royerie limite sa donation, soit au lieu du Taillay, soit aux deux autres métairies du Vaugarny et du Paron, sans que Gilles Tuffin, fils aîné d'un précédent mariage, puisse prétendre avoir sa part de ces biens. Au cas de prédécès de M. de La Royrie, sa veuve aura en douaire le lieu de Taillay ou les deux autres métairies de Vaugarny et Paron, à son choix, et devra nourrir et entretenir ses enfants sur son douaire, etc. Fait au manoir de Langle, présent noble homme, René Duguc, seigneur de Langle.

— 16 —

Lettre de Chevalier de l'Ordre.

« Monsieur de La Royrie, pour vos vertus et mérites, je vous ay choisy et eslu au nombre des chevaliers de mon ordre, affin d'être associé avec iceulx, pour laquelle élection vous notifier et vous bailler le collier dudit ordre, j'en écris présentement au sieur de La Roche, auprès duquel vous vous rendrez, affin de recevoir de luy le collier dudit ordre qu'il vous baillera de ma part, qui sera pour augmenter de plus en plus l'affection et bonne volonté que je vous porte et vous donner occasion de persévérer en la dévotion que vous avez de me faire service, priant Dieu, etc... Écrit à Bloys, le 5e jour d'avril 1572, signé : Charles et plus bas Tissé ».

17 —

29 août 1574. — Testament de noble et puissant seigneur messire Guillaume Tuffin, chevalier de l'ordre du Roy, seigneur de La Royrie, de Taillay, du Vaugarny, etc.

« Ledit testateur après son décès advenu ordonne son corps être mis et ensépulturé en terre sainte ou chanceau du costé de l'évangile de l'église de Saint-Ouain de La Royrie ou d'ancienneté audit chanceau ont accoustumé être mis et ensépulturés ses prédécesseurs seigneurs et dames du lieu et manoir de La Royrie. Ordonne ledit testateur qu'en brief après son décès advenu soit dit huit cent messes à prier Dieu pour lui et ses amis trépassés, savoir : en l'église dudit Saint-Ouain, quatre cents messes à deux sols pour messe......, en l'église d'Antrain, cent messes ....., en l'église des Cordeliers de la forest de Foulgères, cent cinquante ..... en l'église Saint-Léonard de Foulgères, cinquante messes, etc..... Ledit chevalier testateur veut que le jour dudit obsèque et service, sans porter faveur à personne seront revestus treize pauvres de chacun son aulne et un cartier de drap noir de moyen prix qui demeureront auxdits pauvres, et qui porteront chacun sa torche et flambeau de cyre et y attaché escusson de ses armes, et sur son tombeau y aura une chapelle garnie de plusieurs petits cierges ardants », le testateur renouvelle ensuite les fondations faites par son père, son grand père et sa grand mère, il fonde lui-même de nouvelles messes qui seront célébrées en l'église de Saint-Ouain ou autres « attendant être réédifiée une chapelle au manoir ou environs de La Royrie ». Il rappelle et renouvelle « l'ancienne fondation de vêpres des trépassés » chantées à perpétuité sur l'enfeu de ses prédécesseurs en l'église de Saint-Ouain chaque dimanche à l'heure de vêpres — « outre, ledit testateur donne à la messe des cinq playes de Jésus-Christ dudit Saint-Ouain, cinq fois cinq soubs, payables par cinq dimanches en l'endroit d'ycelles messes, y estant fait à chacune fois prières pour luy et ses amis trépassés, autant il ordonne en être baillé à la messe des trépassés, et autant en estre payé à la frairie et messe Saint-Roch et Saint-Sébastien et en pareil être payé à la frairie et messe de Notre-Dame, et autres vingt-cinq souls à la messe et frairie Saint-Nicollas » – « ordonne yceluy testateur être payé par an en l'église dudit Saint-Ouain un gasteau d'un bouesseau de froment rouge, mesure d'Antrain pour charité, du pain béni aux trois grands messes de Nouel — et à chacune d'ycelles messes être fait prières pour deffeunte damoiselle Catherine de Furgon fondeure dudit pain bény — et boullangeant ledit pain bény en sera extrait un petit gasteau d'environ neuf ou dix deniers pour le curé qui fera lesdites prières...... Et ordonne ledit testateur être payé et baillé a chaque couvant des quatre mendiants étant déterminés de faire queste oudit Saint-Ouain à deux fois avant trois mois après son déceds abvenus cinquante soubs tournois qui sont vingt-cinq soubs à chacune fois et à chacun couvant pour être ès prières des bons et dévots réligieux d'yceux couvrants, quels en seront abvertis, et pour ce que iceluy chevalier testateur a de longtemps fréquenté les guerres tant de là les monts que autres pays au service de plusieurs Roys de France et que luy ou de ses gens pourraient avoir endommagés quelques personnes, dont il n'a connaissance il ordonne être dit cent messes pour eux et leurs amis trépassés à deux sols pour messe aux endroits de la dévotion dudit testateur ou son successeur. Outre tout ce que dessus, ledit sieur chevalier testateur a donné et donne irrévocablement à Janne de La Royrie, advouée de luy, sa fille illégitime, le tout des maisons, terres labourables, fruitiers et revenus d'icelles luy appartenans de la petite métayrie de la Motte sur Couasnon, et une journée de pré auprès, aux environs, et joignant le chemin du Breil, le tout appartenant audit testateur, sittuée en la paroisse d'Antrain, pour du tout d'ycelles choses données en jouir ladite Jeanne par usufruit en sa vie durant seulement et après le décès dudit testateur advenu et au cas que ladite Jeanne seroit mariée et aurait des enfants, elle délaissera ladite jouissance d'usufruit parceque ledit testateur lui donne par héritage et aux enfants légitimes d'elle, six cent livres tournois qui luy seront baillés et payés par mon héritier principal, auparavant qu'elle et sesdits enfants délaissent ladite jouissance d'usufruit. — Ledit chevalier testateur élit ses exécuteurs de son présent testament Louise de Lassy, sa compagne, espouse, et noble homme Gilles Tuffin, son fils, qui a été à ce présent, et a voulu et accepté ledit présent testament avoir cours et sortir à son entier effet. — Avec le cachet des armes dudit chevalier testateur, fait et gréé audit Rennes, en la maison et résidence de maitre Jan Jacopin, sieur du Tertre, l'un des notaires soussignés, jour et an que dessus. — Signé : Jacopin et Le Jambu. »

— 18 —

16 août 1576. — Commission de gentilhomme de la chambre du Roy, donnée à Guillaume Tuffin, chevalier de l'ordre, seigneur de La Royerie. « Eu égard aux bons et anciens services qu'il a ci-devant et dès longtemps faits aux deffeunts Roys nos prédécesseurs, tant au fait des guerres que autres occasions qui se sont présentées à nous consécutivement depuis notre avènement à la couronne, sans y avoir épargné sa personne ni ses biens et moyens ». — Donné sous le scel de notre secrétaire, à Paris. Signé : par le Roy, de Neufville, et scellé en placart de cire rouge, — enregistré à la chambre aux deniers du Roy, le 5 septembre 1576, signé : Dore.

— 19 —

1ᵉʳ novembre 1576. — Sauvegarde et committimus valable pour deux ans, donné par le roy Henri III à Guillaume Tuffin, seigneur de La Royerie, chevalier de l'ordre et gentilhomme ordinaire de la chambre du Roy. Donné à Paris, signé : par le Roy, à la relation du conseil Testu.

— 20 —

1ᵉʳ février 1578. — Contrat entre messire Guillaume Tuffin, seigneur de La Royrie, chevalier de l'ordre du Roy, escuyer Gilles Tuffin, seigneur de Tellay, son fils aîné, d'une part, et messire René Pinel, escuyer, seigneur de Chaudebœuf, aussi chevalier de l'ordre et gentilhomme ordinaire de la chambre, à l'effet de régler définitivement la créance d'une somme, 2,000 livres tournois, due par le seigneur de Chaudebœuf, suivant le contrat de mariage de défunte dame Barbe Pinel, sa sœur, avec Guillaume Tuffin, somme moyennant laquelle ladite demoiselle renonçoit à tous droits dans la succession de ses père et mère, François Pienel et demoiselle Jeanne Le Bouteiller, reconnaissant que leurs successions étaient avantageuses et soumises à l'assise du comte Geffroy. Le sieur de Chaudebœuf est encore redevable d'une somme de 1,000 livres tournois, ne s'étant libéré que d'une égale somme de 1,000 livres, en délaissant au seigneur de la Royerie, les fiefs et seigneuries de Vauvert et Betton, acquis de Louise de Lassy, dame de Beauvay, sous la condition de remeré.

— 21 —

26 octobere 1583. — Committimus expédié par Henri III, roy de France et de Pologne, à Guillaume Tuffin, chevalier de l'ordre, et spéciale à la cause pendante entre M. de La Royerie et Mᵉ Vincent Jugan, sieur de la Fillière, qui prétendait établir certaine chaussée aux communs du marais, situé près du village de la Martelays. Donné à Vitré, et signé : par le Roy et la relation du conseil, Tuffin.

— 22 —

15 septembre 1586. — Pactions du mariage d'entre noble et puissant Gilles Tuffin, seigneur de La Royrie, de Tellay, Vaugarny, et damoiselle Louise de Lesnero (1), fille de deffeunts nobles et puissants Vincent de Lesnero et dame Julienne de Couasquen, ses père et mère, baron dudit lieu de Lesnero, seigneur et dame de Baud, Lesmenguy, Pestrevien... Icelle demoiselle, fondée avoir sa contingente portion ès successions de ses père et mère, comme en successions nobles et avantageuses et d'ancienne chevalerie, selon l'assise du comte

(1) Il ne faut pas perdre de vue que les titres analysés ou transcrits dans cet inventaire n'existent que sous la forme de copies, authentiques il est vrai, mais dans lesquelles il a pu se glisser des erreurs de lecture, surtout en ce qui concerne les noms propres, ici l'altération me semble évidente l'arrêt de noblesse donne *Louise de Kerveno* comme femme de Gilles Tuffin, le manoir de Kerveno se trouve en la paroisse de *Plumeliau*

Geffroy. . présent noble et puissant Georges de Lesnero, son frère, baron dudit lieu, seigneur de Baud, Lestan, Lesmenguy, Pestrevien, Le Meneguen, etc., demeurant au château de Lesnero, parroisse de Plevalliau, lequel a baillé et relaissé à ladite demoiselle pour sa dite légitime les terres, mannoirs et mestayeries de Treadyneu et Pontcoleve, situées ès paroisses de Illifaux et Ménéac, sous les jurisdictions de Porhouët et Guern, et en outre, pour demeurer quitte desdites successions, a promis faire avoir à ladite demoiselle, sa sœur, la somme de 9,000 livres tournois, vallant 3,000 escus d'or sol, dedans aujourd'huy en deux ans prochains ; ou cas qu'il viendroit dissolution dudit mariaige sans hoirs, le sieur de La Royrie et ses hoirs renderont ladite somme de 3,000 escus à ladite damoiselle ou ses hoirs, dedans deux ans après la dissolution et, le cas advenant, avec intérèts, faute de quoy en fera assiette sur ses héritages à la raison du sol par livre. Ledit sieur de Lesnero a promis faire accoustrer à ses dépans ladite damoiselle de ses accoustrements nuptiaux et joieaux comme appartient à fille de bonne maison. Fait en la ville de Pontivy, en la maison où tient hostellerie maître Jacques Fraval. Signé : Georges de Lesnero, Gilles Tuffin, Louise de Lesnero, Jan de Coasquen, autre Jan de Coasquen, René de Lesnero, Georges de... Julien Le Forestier, René Pinel, Jan Chastel, Hamon et Ravault, notaires.

A la suite de cette pièce, se trouve un second acte du mardi 16 septembre 1586, par lequel le seigneur de La Royerie, et ladite demoiselle, sa *compagne*, ratifient à nouveau les conditions acceptées par eux la veille, quittent le sieur de Lesnero des accoutrements et joyaux qu'il était tenu de donner, et reçoivent sa promesse qu'il versera à ladite demoiselle, dans un an, une somme de 500 écus qui lui tiendra lieu de tout le meuble qui lui compétait.

— 23 —

17 juin 1590. — Acte additionnel au contrat de mariage de noble puissant Gilles Tuffin et demoiselle Anne de Langan, fille de défunt Claude de Langan, seigneur du Boisfévrier, chevalier de l'ordre du Roy, maître d'hôtel ordinaire de sa majesté et de dame Catherine de Gaston. Messire René de Langan, seigneur du Boisfévrier, cousin germain de ladite demoiselle, veut et consent que ladite demoiselle et ses hoirs jouissent à jamais de la terre et seigneurie des Portes, du lieu et métayerie du Chesnay, de La Prée, de La Berrière, coulombier, moulin, fief, juridictions et usages de bois en la forêt de Villecartier et autres, tout ainsi et de la manière que iceluy seigneur de Boisfeuvrier les a baillé en partage à défunt Claude de Langan, lesdites seigneuries situées ès paroisses de Bazouge la Pérouze, La Fontenelle, Antrain, Tremblay et autres. — Fait à la maison seigneuriale du Boisfévrier.

— 24 —

21 mars 1598. — « Henry par la grâce de Dieu, Roy de France et de Navarre, au grand chambellan de France, maître ordinaire de notre hôtel, maître et contrôleur de notre chambre aux deniers, et tous autres nos justiciers et officiers, salut. Savoir faisons que nous, ayant égard aux bons et auxiliers services que deffeunt messire Guillaume Tuffin, vivant, chevalier de notre ordre et gentilhomme ordinaire de notre chambre, seigneur de La Royerie, et ses prédécesseurs, ont fait à nos deffeunts prédécesseurs, roys et ducs de Bretagne, tant au fait des guerres, qu'autres occasions et même notre amé et féal escuyer Gilles Tuffin, seigneur de La Royerie, d'à présent pour le fidel service qu'il nous a fait en nos dernières guerres, où il a beaucoup dépensé sans y épargner ses biens et personne, et y a été longtemps retenu prisonnier et payé grand ranson à nos ennemys, de tout quoy sommes acertiorez et qu'espérons qu'il nous fera et continuera, et en ces considérations voulant uzer envers lui de tout bon et favorable traittement et l'aprocher près de nous en état et qualitté condigne à ses mérites, que pour ces causes et autres bonnes considérations nous mouvants, avons retenu et retenons aujourd'huy, par ces présentes, ledit sieur de La Royerie, en l'état de chevalier et de gentilhomme ordinaire de notre chambre, pour en jouir et nous servir tant qu'il nous plaira aux honneurs, authorittés, prérogatives, franchises, libertés, droits, gages, revenus et émoluments accoustumés, et voulu et voulons que lorsqu'il voudra, par toutes lettres, titres et actes qu'il fera ou fera faire, qu'il mette et use et fase mettre et rapporter en ses qualités ces mots de *messire* et de *chevalier*, et ses causes et actions personnelles, possessoires et droits réels et d'héritages ledit sieur de La Royerie, en demandant ou deffendant, voudra prendre le fait, charge et garantie ou soy... nous en avons attribué et attribuons, par les présentes, toute court, juridiction et connaissance à nos amés et feaux conseillers tenants les requestes de notre palais à Paris, et par appel en notre court de parlement audit Paris, et en avons interdit et interdissons toute cognoissance et jugement à tous autres juges et aux parties d'y en faire poursuitte sur peine de nullité et tous dépants, mises et intérèts, et aussy l'avons exempté du service qu'il nous doit en nos bans et arrières bans de notre pays de Bretagne, pour les trois premières fois seulement qu'ils seront ou pourront être, par trois diverses années, appellés, convocqués et assemblés, et ce en rémunération et récompense desdits fidelles services qu'il nous a faits et attendant luy en faire plus ample gratification. Si vous mandons que de lui prenez le serment en tel cas requis lorsqu'il s'y présentera et les présentes faittes enregistrer aux rolles, papiers et états de notre chambre... avec nos autres officiers de semblable état, qualitté et retenue, et vous ensemble, tous nos autres justiciers et officiers, et tous autres auxquels les présentes lettres seront montrées et aparues ou signifiées par l'un de nos huissiers ou sergent premier requis, faittes, souffrés et laissés ledit sieur de La Royerie en jouir et user pleinement et paisiblement durant sa vie, et mandons à nos amés et féaux conseillers trésoriers de nos officiers domestiques, et chacun d'eux, en l'année d'exercice et service qu'il nous fera, que ses gages ils luy paient, baillent et délivrent, suivant les rolles et estats qui leur en seront faits et expédiés chacun an, Car tel est notre plaisir, nonobstant quelqu'onques édits, ordonnances, mandements, deffenses et lettres au contraire. Donné à Rennes, le 21e jour de mars, l'an 1598, et de notre règne le neufième, ainsy signé : Henry, et sur le reply, par le Roy : Potier, et scellé du scel royal.

Par transompt et vidimus, collationné à l'original par nous hauts justiciers de la court du prieuré de Combourg, fait au bourg de Saint-Ouain, le 2 novembre 1610, signé : Gilles Tuffin, Boullay, Guiborel et Gauterais, notaires ».

— 25 —

16 novembre 1616. — « Charles de Cossé, comte de Brissac, maréchal de France et lieutenant général pour sa majesté en Bretagne au sieur de La Royerie, salut. Sur l'advis que nous avons receu présentement qu'il se fait unne grande assemblée d'hommes en armes dans ce pays du Mayne sans authorisation de sa Majesté et que le rendez-vous est donné sur la frontière de cette province pour y entrer, désirant nous y opposer et mettre sur pied à cet effet nombre suffisant de gens de guerre : à cette cause, nous vous avons commis, ordonné et députté, commettons, ordonnons et députtons pour lever et mettre sus jusqu'au nombre de cinquante hommes de pied et les conduire en la plus grande diligence qu'il vous sera possible en cette ville de Fougères, ou nous sommes présentement, affin de pourvoir à ce qui est nécessaire pour le service de sa majesté et bien du pays : de ce faire nous vous donnons pouvoir en vertu du Nôtre. Fait à Fougères ce 16e jour de novembre 1616, signé : Brissac ; et plus bas, par mondit seigneur le maréchal : le Maire ».

— 26 —

20 juillet 1620. — « Marie, par la grâce de Dieu, Reine de France et de Navare, Mère du Roy, au sieur des Portes, second fils du vicomte de La Royrie, salut. La longue patience que nous avons eu, ayant endurcy les cœurs de ceux qui abusent du nom et de la bonté de notre très honoré sieur et fils, jusqu'à tel point que voulant faire servir toutes choses à leur ambition déréglée et avarice insatiable, après avoir employé en vain tous les artifices dont ils se sont pu. adviser pour nous opprimer, avec les princes du sang, autres princes et grands seigneurs du royaume, ne se contentants pas de les tenir avec nous dans un mépris insuportable, ils sont si audacieux que de vouloir à force ouverte perdre et ruinner par les armes du Roy ceux qui doivent en attendre leur protection ; pour à quoy obvier, voyants qu'au lieu d'entendre les remontrances salutaires que nous avons faittes au Roy, on prend des voyes pernicieuses qui ne tendent qu'à la ruine de l'état et la désolation du pauvre peuple, protestant devant Dieu que nous n'agissons que pour en empêcher le cours et nous garder de l'oppression, nous aurions de l'avis desdits princes, ducs et pairs, officiers de la couronne et autres grands seigneurs du royaume, résolu de lever et mettre sur pied un bon nombre de gens de guerre, tant de pied que de cheval. A ces causes et pour l'entière confiance que nous avons en vous et en vos sens, valeur et sage conduite, nous vous avons commis et député, commettons et députons par ces présentes signées de notre main, pour lever et mettre sur pied incontinant et le plus diligemment que faire se pourra, une compagnie de 100 hommes de pied des plus vaillants et aguerris que vous pourrez trouver et eslire, lesquels vous conduirez et exploicterez sous la charge de notre très cher neveu le duc de Vendôme, votre maître de camp et ainsy qu'il vous ordonnera pour notre deffense, les faisant vivre avec telle police et discipline que nous n'en recevions aucune plainte, et nous vous ferons payer, et les susdits hommes, des soldes, estats et appointements qui vous seront et à eux deübs selon le rolle des monstres et reveües qui en seront faittes par les commissaires et controlleurs des guerres à ce commis tant et si longuement qu'ils seront sur pied.

De ce faire nous avons donné et donnons plain pouvoir, authorité, commission et mandement spécial, mandons à tous qu'il appartiendra qu'à vous en ce faisant soit obéissant, en témoin de quoy avons fait mettre notre scel à ces présentes.

Donné à Angers le 20ᵉ jour de juillet l'an mil six cent vingt,

signé à la grosse : Marie ; et plns bas par la Reine mère du
Roy : Bouthillier, et scellé de cire rouge ».

— 27 —

Février 1613. — « Louis, par la grâce de Dieu, Roy de
France et de Navare : à tous présents et à venir, salut.

Nos prédécesseurs, Roys d'heureuse mémoire, considérants
combien la rémunération et reconnaissance de ceux qui avoient
mérité d'eux et de la chose publique de leur royaume, pays et
terres de leur obéissance, pouvoient profitter en bien, augmen-
tation, grandeur et conservation de leurs états ont de tous
temps accoutumés, non seulement par leurs libéralités et bien-
faits gratiffier, mais aussy élever en hauts degrés, états,
honneurs, titres et dignités, les personnes vertueuses, connois-
sants que telle rémunération d'honneur n'est seulement que
pour contenir leurs serviteurs et ministres en leurs premiers
bons offices et encore les insités à faire de bien en mieux,
mesme appeler les autres vertueux personnages à faire le
semblable, à quoy nous désirons bien imiter nos prédécesseurs et le donner à connoître par effet à ce qu'ils et leurs
successeurs resplendissent en honneurs et décoration dont il
soit mémoire à la postérité, savoir faisons que nous, ayant mis
en considération les bons, vertueux et recommandables services
que deffeunt messire Guillaume Tuffin, seigneur de la Royerie,
chevalier de notre ordre et gentilhomme ordinaire de notre
chambre et ses prédécesseurs ont cy devant et de longtemps
rendus à nos prédécesseurs Roys et Ducs de Bretagne au fait
des guerres en plusieurs occasions sans y épargner leurs personnes, moyens et facultés, et à leur imitation escuyer Gilles
Tuffin, seigneur de La Royerie, son fils, a continué ès guerres
dernières où il a été pris prisonnier et payé grande rançon à
nos ennemis et a pour l'espérance que nous avons qu'il continuera à l'advenir et les siens ainsi que nous le reconnoissons
en la personne d'escuyer Claude Tuffin, sieur des Portes, son
fils aisné, l'un de nos pages, ayant aussy égard aux moyens et
facultés que ledit sieur de La Royerie a pour entretenir états

et dignité convenables à ses vertus et mérites qui nous convient
à le reconnoistre de quelque marque et degré d'honneur, que
nous inclinant à la très humble supplication que nous a fait
ledit sieur de La Royerie contenant que de ladite terre, maison
noble et seigneurie de La Royerie dépendent sept autres terres,
maisons, métayeries nobles, savoir : la grande métayerie, Cour
des Landes, Le Veauhulin, Banniers, Le Plessix Quellien, La
Gaucherays, La Motte, avec les moulins de La Royerie et
moulin du Val, fiefs, jurisdictions, hommes et sujets en plusieurs paroisses, haute, moyenne et basse justice, grand bois
de haute futaye, bois taillis, fuis, coulombier, garennes,
prairies et beaux devoirs nobles, anciens et seigneuriaux et
belles prééminences d'église en dépendantes, et outre ce, luy
appartient la terre et maison noble des Portes, de laquelle
dépend aussy la maison noble du Chesnay, mettayeries, moulins,
fuis et coulombiers, fiefs et jurisdictions en plusieurs paroisses,
haute, basse et moyenne justice, boys de hauttes fustaye, taillis,
garennes, étangs, usages en notre forest de Villecartier,
prééminences d'églises et autres beaux devoirs de terres sei-
gneurialles, comme aussi lui appartient les terres et maisons
nobles de Tellay et Vaugarny, fiefs et juridictions en plusieurs
paroisses et droits de justice et autres beaux devoirs qui en
dépendent, lesquelles trois seigneuries, terres et maisons nobles
avec les autres terres, fiefs et juridictions qui en dépendent,
voisines les unes des autres, situées en notre pays et duché de
Bretagne, mouvants et tenus de nous prochement et noblement
et à foy et hommage lige en notre comté de Rennes ; ledit
sieur de La Royerie nous a très humblement supplié ycelles
joindre, annexer, unir et incorporer ensemble, le tout créer et
ériger en nom, titre et dignité de vicomté, prérogatives, droits
et authorittés en dépendants. Pour les causes que dessus, et
autres bonnes considérations, nous avons icelles terres cy dessus
déclarées jointes, unies et incorporées ensemble et de l'avis et
prudent conseil de la Reine régente notre très honorée dame
et mère et de notre certaine science plainne puissance et
authoritté royalle ycelles maisons, terres et seigneuries de La
Royerie, créé et érigé, créons et érigeons par ces présents en
nom, titre et dignité de vicomté et, en ce faisant, avons ledit

sieur de La Royerie, décoré et décorons dudit titre et qualité
de vicomte pour en jouir par luy, ses hoirs et successeurs et
ayant cause avec tous les honneurs, droits et prérogatives,
privilèges et autres, tant en temps de paix que de guerre, en
jugement que dehors, armoiries, écussons, enseignes, en
touttes assemblées de nobles comme jouissent et usent et ont
accoutumé d'en jouir et user les autres vicomtes de ce royaume
à la charge de nous prêter et faire par iceluy sieur de La
Royerie sesdits hoirs et successeurs la foy et hommage ;
voulant et entendant que tous ses vassaux et sujets le recon-
noissent à l'avenir en laditte qualité de vicomte, quand le cas
y écheoira, luy facent et à sesdits successeurs la foy et hommage et autres reconnaissances, baillent tenue, aveux, et
dénombrements, facent et payent les devoirs selon la nature
des terres qu'ils tiennent de luy, aux titres et qualittés de
vicomte ; comme aussy entendons que les juges et officiers
d'icelle terre et seigneurie de La Royerie exercent la justice au
bourg de Saint-Ouen de La Royerie où elle a accoutumé d'être
exercée, à la charge que toutes les appellations de laditte
vicomté ressortiront par devant les juges auxquels auparavant
la connoissance en appartenoit et sans aucune novation, diminution ny accroissement de charge, comme aussy ne prendre
laditte vicomté aucune connaissance des cas royaux ny de
notre domaine dont la connoissance appartient à nos juges.
Si donnons en mandement à nos amez et feaux conseillers
tenants en notre cour de parlement audit Rennes et tous
justiciers et officiers qu'il appartiendra nos présentes, union
création et érection, ils fassent, souffrent et laissent ledit sieur
de La Royerie successeurs et causeayants user et en jouir
plainement et paisiblement sans en ce leur faire, ni souffrir
leur être fait, commis ny donné trouble ni empêchement au
contraire, car tel Est Notre Plaisir, nonobstant quelconques
édits, uz, status, arrest, ordonnances, restrictions, mandements,
deffences et lettres impétrées ou à impétrer à ce contraires,
toutes lesquelles et aux dérogations des dessus rogatoires
y contenues, Nous avons dérogé et dérogeons par ces présentes,
auxquelles, affin que ce soit chose ferme et stable à toujours,
nous avons fait mettre notre scel sauf en autres choses notre

droit et l'autruy. Donné à Paris, au mois de février, l'an de
grâce mil six cent treize et de notre règne le troisième, ainsy
signé : Louis, et sur le reply est escript : par le Roy, la Reine
régente, sa mère, présente, signé : Brulard et scellé du grand
sceau de cire verte sur lacs de soye rouge et verte, et sur
ledit reply est ainsy écrit : visa contentor, signé : Combault,
et sur le dos desdittes lettres est écrit : registrata ».

— 28 —

Remise de Rachapt.

« Aujourd'huy xv° jour de mars mil six cent vingt-huit, la
Reine, mère du Roy, étant à Paris, désirant grattifier et favo-
rablement traitter Claude Tuffin, vicomte de La Royrie, de
Taillay et Vaugarny, JacquesTuffin, sieur des Portes, Roch
Lezot, sieur de Vauxrozé, mary de dame Louise Tuffin, sa
Majesté leur a libéralement fait don et remise des rachapts
et sous rachapts et autres droits seigneuriaux à elle deubs et
écheus par le déceds de Gilles Tuffin, leur père, etc., réservé
seulement ce qui en peut appartenir aux fermiers et receveurs
de ses domaines, suivant leur bail. Pour témoignage de quoy
sa dite majesté m'a commandé d'expédier le présent brevet
qu'elle a voulu signer de sa main... Signé : Marie ; et plus
bas : Bouthillier, son conseiller et secrétaire de ses comman-
dements et finances ».

— 29 —

15 février 1627. — Contrat de mariage de Claude Tuffin,
seigneur vicomte de La Royrie, fils aîné de messire Gilles
Tuffin et de noble dame Anne de Langan, seigneur et dame
de La Royerie, des Portes, de Taillay, de Vaugarny, etc. —
Et damoiselle Marie Le Bourgeois, fille aînée de feu noble
seigneur Robert Le Bourgeois, vivant seigneur et patron de
Heauville, de Carnet, etc., et de noble dame Marie de Mathan

— la mère de la future épouse, tutrice de ses enfants, promet « la somme de deux mille livres tournois pour demeurer déchargée de toutes donations et legs testamentaires qu'elle dit et confesse avoir été faits à ladite damoiselle Marie Le Bourgeois tant par deffeunte demoiselle Françoise Vimien, vivante dame de Saint-Aubin-des-Bois, son ayeulle maternelle, que par deffeunte demoiselle Françoise de La Hays, son ayeulle paternelle », elle assure à sa fille la somme de 24,000 livres tournois qui lui sera constituée propre jusqu'à concurrence de 21,000 livres. De leur côté, M. et Mme de La Royrie assurent à leur fils une rente de 2,000 livres. — Présents à l'acte et consentants : N. H. : Louis Dumontier, sieur de Sainte-Marie, tuteur spécial de la future épouse mineure et stipulant pour elle en son absence. Noble seigneur, Jacques de Grimouillet, châtelain de Magneville, des Marais et de Saint-Germain, et Tournebœuf. Arthur du Montier, seigneur et patron d'Andreville, Jean de Grimouillet, prêtre chanoine à Coutances, official de Valogne, Arthur de..., sieur d'Andreville, Jan Hervieu, sieur de Saussesmesnil, Robert Hervieu, sieur de Courval, Nicolas Le Bourgeois, sieur de Sainte-Croix, Jan Jobaud, sieur de Grissey, Guillaume de L'Angle, sieur de La Gasculerys, maistre Jan Le Prieur, Pascal Le Vicomte, Jacques Hervieu, sieur de Monhuchon, tous parents paternels. — N. H. maître François Davy, sieur de Saint-Hillaire en Feugerer. N. H. Adrien de Mathan, sieur de Seuilley, Georges de Brébeuf, sieur de Hauville, maître Gilles Vivien, escuyer, sieur de... Jacques du..., sieur de Chambert et de La Chaussebonnière, parents maternels, — pour l'exécution du contrat, élection de domicile est faite par dame Marie de Mathan à son château de Carnet, par le sieur de La Royrie, au village du Mey en la maison Jan Lamoureux, paroisse de Sacey. « Ce fut fait et passé au village du Hamel, paroisse d'Argouges, après midy, le 15 février 1627. La minute est écrite de la main dudit sieur de La Royrie, père du futur, et est demeurée vers maître Simon, tabellion, et ledit jour et an au manoir de Carnet, environ trois heures après midy, devant les tabellions, fut présente damoiselle Marie Le Bourgeois, laquelle, après lecture, a ratifié et demeure ledit Dumontier déchargé de l'obligation de faire ratifier, etc.

3.

Suivent diverses quittances relatives aux obligations contractées par les parties.

— 30 —

21 décembre 1628. — Partage donné par messire Claude Tuffin, seigneur vicomte de La Royrie, à écuyer Jacques Tuffin, seigneur des Portes, de la succession de Gilles Tuffin, leur père. C'est à savoir : la terre du Vaugarny et en outre la métairie de Courtinen, acquise de maître Robert Sauvet et Gatienne Breillet, sa femme, etc. Fait à Antrain, au logis de noble homme Adrien le Gommeriel, sieur du Chesnày, advocat en la cour et licentié en droits.

— 31 —

30 février 1659. — Contrat de mariage de messire Joseph Tuffin, seigneur vicomte des Portes, fils aîné de messire Claude Tuffin, chevalier, seigneur vicomte de La Royrie, et de deffunte dame Marie Le Bourgeois, — et demoiselle Anne du Gouray, fille de deffunt messire Guy du Gouray, chevalier, seigneur de La Coste, et de dame Renée Budes, — ladite demoiselle, majeure de 25 ans, assistée de messire Jan de Bréhand, seigneur de Gallinée, cy devant, son curateur. — M. de La Royrie constitue à son fils une rente annuelle de 1,800 livres tournois, assise sur la terre et seigneurie des Portes, estimée 1,200 livres, dont il aura jouissance à charge de rapporter ladite terre à l'ouverture de la succession de son père. Les 600 livres restant lui seront comptés annuellement par son père. — La future apporte pour sa part les biens lui provenant de ses défunts parents, telle qu'elle en jouit suivant le testament de Guy du Gouray, son père (1), ces biens dont

____

(1) Le testament de Guy du Gouray, « fait à La Coste, le jour Saint-Julien, 28 août 1644 », existe encore et fait partie de mes archives, cette pièce, très intéressante est trop longue pour qu'on puisse l'analyser ici, j'en extrais ce qui concerne Madame de La Rouerie : « Anne sera laissée où je

M. de Galinée rend compte, et dont il demeure déchargé, se composent de la terre de La Ville-Bily, près Lamballe, et de 31,000 livres en contrats et obligations, dont 28,000 qui sont constitués propres à ladite demoiselle. — Fait et passé à Rennes, en la demeurance dudit seigneur de Galinée, sous son seing celui des futurs époux, du seigneur de La Royrie, et en présence de dame Françoise Le Fer, épouse du seigneur de Galinée, de messire Guillaume Marot, seigneur de..., de messire Maurille de Bréhand et dame Louise de Quelen, son épouse, et d'écuyer Jan Tuffin, sieur de Mézandré, parents des parties ».

— 32 —

18 may 1667. — Messire Joseph Tuffin, vicomte de La Royrie, fils aîné de defunts Claude Tuffin et de Marie Le Bourgeois, donne partage à ses cadets messire Jan Tuffin,

l'aurai placée jusques à traeze ans, aux conditions que j'auray arresté, et ensuite, deux ans, elle sera en pension pour apprendre à escrire, ne voulant qu'elle y soit mise plustót, soit à Saint-Georges, les Ursulines, avec ses sœurs, ou chez des demoiselles qui prennent pensionnaires, comme il y en a à Nantes, où Madame des Monti m'avoit adressé. — Ensuitte elle importunera Madame de Gallinée une séance, et aultant chez Madame la marquise du Chastel, et ensuitte si Mademoiselle de La Motte Bourgueil, qui la norye, est en liberté, sinon une damoiselle de pareille vertu, elle se retourneroit à Saint-Brieuc. Et je destine pour lors à ma fille, jusques à estre pourvue, mille francs par an, quant au temps précédent, elle aura ce que Madame de Gallinée verra bon, sans trop d'économie ni de prodigalité ou profusion. — Je lui donne pour dot, si elle est mariée avec le consentement de ses deux plus proches : Messieurs de Gallinée, et de   , de Madame de Gallinée, Mesdames du Chastel et de La Brunaye, auxquels je la recommande, la somme de 36,000 livres, cinq cents escus pour meubler en sa bourse, et cinq cents escus en habits. Je sçai que son patrimoine ne va là, mais luy ayant pu donné mes meubles, elle auroit plus, et je désire que son frère croye que ce que je faicts c'est avec justice, et quoy que je n'en puisse écrire les motifs, qu'il s'asseure qu'ils sont en Dieu et pour la raison. — Si La Ville-Bily n'est aliénée, elle l'aura à valoir pour huit mille livres. — Si ma fille désiroit estre religieuse par de bons et vrais motifs de piété, Dieu l'y conduise, mais que elle prenne place dans une maison dans une ville close, quoique je n'ai pas eu ceste prévoiance pour ses sœurs, c'est que l'expérience fait les personnes sages et plus avisées ».

seigneur de La Motte et messire Claude Tuffin, seigneur de Taillay, faisant tout pour lui que pour messire Charles Tuffin seigneur du Breil, lieutenant dans le régiment du Roy, aux fins d'une procuration datée du 7 mars 1667, au rapport de Honspin et Chavin, notaires à Beauvais. — Ses deux sœurs religieuses à l'abbaye de Saint-Sulpice ne prenant rien dans ces successions, Joseph Tuffin donne à ses cadets : la terre et métairie du Plessix Guitton, le lieu et métairie de La Gaucheraie, la grande maison du bourg de Saint-Ouen, plus une autre maison audit bourg nommée L'Écu, le lieu et métairie de La Motte, paroisse d'Antrain, etc., plus une somme de 200 livres tournois de rente annuelle qu'il s'oblige à franchir en trois termes dans les quatre ans, en payant à ses frères le capital de 5,000 livres. Fait au manoir de La Royrie.

— 33 —

6 octobre 1668. — Déclaration d'élection de domicile et de constitution de procureur, faite au greffe de la chambre de la réformation par messire Joseph Tuffin, vicomte de La Rouerie. — Il justifiera par actes que lui et ses prédécesseurs ont porté de temps immorial la qualité de messires et escuyers, et que l'écusson de sa maison est d'argent à une bande de sable chargée de 3 croissants d'argent.

— 34 —

17 octobre 1668. — Arrêt rendu par la chambre établie pour la réformation de la noblesse — entre le procureur général du Roy demandeur, d'une part ; d'autre part, messire Joseph Tuffin, sieur vicomte de La Royrie, agissant pour lui et pour messires Jan, Claude et Charles Tuffin, ses frères, sieurs de La Motte, de Taillay et du Breil, et Jan Tuffin, escuyer, sieur de Mézandré, défendeurs — la chambre faisant droit aux conclusions des défendeurs, déclare qu'ils sont nobles, issus d'extraction noble et leur permet savoir audit Joseph Tuffin, de

prendre la qualité de chevalier et d'escuyer, et à ses codéfen-
deurs celle d'escuyer, les maintient en leurs droits et prérogatives de noblesse, etc.

Cette pièce mentionne les divers actes analysés ci-dessus,
elle donne seulement en plus la généalogie de Jean, sieur de
Mezandré, qui était fils de Hardouin Tuffin et de demoiselle
Guyonne du Sel, à laquelle le sieur marquis de Coasquen
donna 800 écus en faveur de son mariage, somme dont
il fut fait assiette sur la terre de Mézandré. — Hardouin était
fils de Michel Tuffin et de Mathurine Rouault. — Michel
était fils juveigneur de Jean et de Margueritte du Hallay. Son
frère aîné François avait épousé demoiselle Jeanne Pitard —
Jean Tuffin était fils puîné de Raoul Tuffin, seigneur de La
Royerie et de Louise Le Sénéchal.

— 35 —

15 décembre 1671. — « Testament de messire Joseph Tuffin,
seigneur vicomte de La Royerie, détenu malade au lit, en
son dit lieu de La Royerie, et toutes fois sain d'esprit, etc. » —
Le testateur charge son frère, le sieur de La Motte, d'accomplir
diverses œuvres pies et de faire célébrer des messes, tant en
la ville de Rennes, que à Avranches, Fougères, en la chapelle
du manoir de La Royerie Il le prie d'accepter la tutelle et la
garde de ses enfants, et supplie Jean-François du Gouray,
seigneur marquis de La Coste, messire Jean de Bréhand, chevalier de Galinée, conseiller au parlement de Bretagne,
Maurille de Bréhant, seigneur comte de Bréhant, conseiller
au même parlement, et les autres parents, tant paternels que
maternels, d'agréer ce choix. — « Et pour l'étroite union et
amitié qui a toujours été entre lui et le sieur de La Motte,
ledit sieur testateur a de grâce spéciale donné audit sieur de
La Motte, la somme de dix mille livres à prendre après son
décès sur le plus cler de son bien. — Et pour subvenir, ledit
sieur testateur, au sieur chevalier, son frère, capitaine dans
le régiment du Roy, il lui lègue la somme de quatre mille
livres qui lui sera fournie d'an en an à raison de quatre cent

livres chaque année jusqu'à l'entier paiement — et outre veut
et entend que, après son décès, il soit envoyé deux de ses
meilleurs chevaux avec leurs harnois et équipages avec deux
paires de pistolets et leurs foureaux audit chevalier pour ayder
à l'entretenir selon sa condition ». Leg de 40 livres de rente
aux sœurs du testateur, religieuses à l'abaye de Saint-Sulpice,
cette rente payable seulement jusqu'au jour où l'aîné de ses
fils atteindra sa 25ᵉ année.

Signé du testateur et du sieur de La Motte, messire René
Ganard, recteur de Saint-Ouen, messire Julien Nicole, recteur
de Carnet, Avril, notaire, Jacques Anger, notaire.

— 36 —

14 avril 1676. — Messire Joseph Tuffin, chevalier, seigneur
vicomte de La Royerie, et dame Gillonne Becdelièvre, son
épouse, donnent à messire Charles-Marie Tuffin, leur fils, la
somme de 4,800 livres hors part et sans diminution en sa
légitime, ladite somme devant être prise au décès de ses père
et mère, premièrement sur les meubles de leur communauté,
et, s'ils ne suffisaient, sur les acquets et conquets d'icelle. —
Signé : Joseph Tuffin, Gillonne Becdelièvre. Fait et passé à
Rennes, en l'étude de Duchemin, notaire, Bohuon, second
notaire.

— 37 —

14 novembre 1678. — Contrat de mariage de Joseph Tuffin,
chevalier, seigneur vicomte de La Royerie, et de dame Hélenne
Trémaudan, veuve et douairière de messire Guillaume de La
Bouëxière, en son vivant, seigneur de La Villetanet.

Les futurs époux adoptent un régime de séparation de biens,
ils conviennent qu'un inventaire de leurs biens meubles sera
dressé et déposé aux greffes des juridictions de leurs domi-
ciles, Hélenne Trémaudan s'engage à fournir à son mari la
somme de 3.000 livres par an pour aider à supporter les charges
de leur mariage. Elle recevra les sommes à elles dues, recou-

vrera ses droits dans la succession de son premier époux, sans avoir besoin de demander l'autorisation maritale. Elle aura son douaire sur tous les immeubles de son mari en quelques provinces qu'ils soient, aux termes de la coutume de Bretagne, son deuil, ainsi que celui de ses gens, sera fourni sur les biens du mari. Passé à Rennes, par les notaires royaux en la maison de la future épouse, rue Vasselot. Signé : Hélenne Trémaudan, Joseph Tuffin, Bertelot, notaire, Bretin, notaire.

A la suite de cet acte se trouve, daté du 10 janvier 1679, l'Inventaire des biens meubles et effets de la communauté d'entre messire Joseph Tuffin et défunte dame Gillonne Becdelièvre, dressé à la requeste, tant du seigneur de la Royerie que à la requeste des enfants issus du premier mariage de la défunte avec messire Gilles Henry, seigneur de Bohab, savoir : Messire Baptiste-Hiacynthe Henry, fils aîné, agissant en son nom, et les enfants mineurs, représentés par messire Pierre Henry, seigneur de... leur tuteur. —

Nous notons dans cet inventaire : deux sacs de toile, dans lesquels il y a 4,000 livres en argent blanc de France, puis la garde-robe de la défunte, ainsi composée : « un mouchoir de taffetas noir avec une dantelle de point de France, valant 30 livres ; une coeffe de point d'Espagne, 40 livres ; six coeffes de gaze, 3 livres ; deux paires de mouchouërs de point d'Angleterre et de France prisées, 3 livres ; trois paires de manchettes de toile blanche garnies de dantelles, 20 sols ; deux tabliers de toile de coton et de toile claire garnis de dantelle d'Angleterre et un autre tablier, 10 livres ; six paires de bas de soie, 6 livres ; deux paignoirs de point d'Angleterre et à la Reine, 2 livres ; une douzaine et demie de chemises de toile de lin et toile blanche, 18 livres ; un manteau avec deux jupes noires de sarge de soie le tout ensemble, 50 livres ; autre manteau de brocard et une jupe de brocard bleu garnie de dantelles d'or et d'argent, 50 livres ; un autre manteau de taffetas bois mort et une jupe de gris de lin, 8 livres ; autre manteau d'étamine brune, 3 livres.

L'argenterie consistant tant en plats, assiettes, aiguières, flambeaux, sallierres, cuillères et fourchettes, bassins et soucoupes, pèse 276 marcs, chaque marc prisé 27 livres, ci 7,452 livres, la vaisselle d'étain pèse 148 livres poids de marc, chaque livre prisée 9 sols.

Les provisions de la maison consistent en : six tonneaux de deux pipes de cidre, sur lie, 120 livres ; six fûts vides prisés 36 livres ; 50 boüesseaux de blé noir mesure d'Antrain, prisés chacun 40 sols, attendu qu'il n'a été venné, 200 bouesseaux d'avoine, chacun 45 sols, 40 bouesseaux de seigle qui n'est net, chacun 65 sols.

Signé : Pierre Henry, Hiacynte-Baptiste Henry, Gilles Bousse, Nicolas Mahé, Joseph Tuffin, P. Pottier, greffier, collationné à l'original. Bertelot, notaire, Bretin, notaire royal.

— 38 —

8 mars 1684. — Contrat de mariage de messire Joseph Tuffin, comte de La Royrie, les Portes, Carnet, fils aîné de deffunt messire Joseph Tuffin et de dame Anne du Gouray, seigneur et dame de La Royrie, autorisé de messire Charles Guitton, seigneur des Biards, son curateur, qui demeure à sa maison de Gollée, paroisse d'Argouges, évêché d'Avranches, — et damoiselle Anne Fleury, dame de Pontcet, assistée et autorisée de ses père et mère, messire Jan Fleury, seigneur du Pontcet, La Villorou et La Bamays, conseiller du roy, maître honoraire de ses comptes de Bretagne et dame Julienne Le Blanc, sa compagne, demeurants à Dinan, place des Cordeliers, paroisse de Saint-Malo.

— 39 —

26 mars 1684. — Acte de mariage de messire Joseph Tuffin, comte de La Royerie, vicomte des Portes, seigneur de Carnet, La Fontenelle, né à Saint-Ouen, âgé d'environ vingt-un ans, — et damoiselle Anne Fleury, dame du Pontcet, âgée d'environ dix-sept ans. Signé : J. Moncoq, subcuré de Saint-Malo de Dinan, Jean Fleury et dame Julienne Le Blanc, seigneur et dame du Pontcet, père et mère de ladite demoiselle. Charles Tuffin, vicomte des Portes, et Anonyme Tuffin, chevalier de La Royrie, écuyer Pierre Bréal, conseiller du Roy et son procureur, Pierre Fleury, seigneur du Vaucler, frère de ladite demoiselle. N. H. J. Fleury, sieur de.... escuyer, Gilles Crépais, sieur de La Brumanie, N. H. Julien Bertin, sieur de La Brumanier, Anne de La Haye, Janne Bouan, Angélique Avril, etc.

— 40 —

10 mars 1685. — Subdivision de partage entre les frères juveigneurs de messire Joseph Tuffin, comte de La Royrie, fils aîné, héritier principal et noble de feu messire Joseph Tuffin et dame Anne du Gouray, savoir : Charles, Anonime, et François, issus du premier mariage du défunt seigneur de La Royrie avec Anne du Gouray, et Charles-Marie, issu de son second mariage avec Gilonne Becdelièvre, ce dernier ne prenant part qu'à l'héritage du père commun, ses mi-frères partageant les biens de leurs père et mère. — Lotie pour Charles-Marie : la métairie noble de Bannières, etc., le tout se montant à 394 livres 15 sols de rente. Les trois autres loties ainsi composées : 1ᵉ la maison et métairie noble des Portes, avec son moulin, sans y comprendre le fief réservé par le seigneur aîné, etc., total : 594 livres de rente ; 2° la métairie noble du Chesnay, située paroisse de la Fontenelle, etc., total : 593 livres 5 sols de rente ; 3° la maison et métairie noble de Tellay, en Saint-Sauveur-des-Landes, sans y comprendre les fiefs, etc., total : 618 livres 10 sols de rente; lesdites loties, considérées comme ayant valeur égale sans qu'il y ait lieu de payer des retours de lots.

— 41 —

27 juillet 1689. — Certificat du marquis de Coëtlogon constatant que M. le comte de La Royerie est dans la ville de Rennes à la tête de la compagnie de gentilshommes dont il est capitaine.

— 42 —

15 may 1689. — Acte de baptême de Anne Jacques, né le 12 may, fils de Joseph Tuffin, comte de La Royerie, seigneur patron de Carnet et de Anne Fleury, parrain Jacques de Farsy, seigneur du Rocher, marraine Catherine de Couriolles, dame du Parc.

Extrait des registres paroissiaux de Saint-Ouen de La Royerie.

— 43 —

11 may 1690. — « A monsieur de La Royerie, commendant une des compagnies de la noblesse de l'évêché de Rennes. — Étant nécessaire, monsieur, de régler incessamment le service que la noblesse de l'évêché de Rennes doit rendre cette campagne et ne pouvant le faire sans en avoir auparavant connu le nombre et l'état de leurs équipages et chevaux, je vous écris cette lettre, afin que vous preniez le soin de le faire savoir à tous les officiers et gentilshommes qui composent votre compagnie et que tous ceux qui vivent noblement possédants des fiefs et terres nobles ne manquent pas de se rendre aussy bien qu'eux, le douzième juin, en la ville de Rennes, où je me rendrai pour les voir, et en notre absence M. le marquis de Coetlogon, et si ces derniers n'ont point encore pris party dans aucune des compagnies dudit évêché, ils doivent s'y ranger sans aucun retardement suivant le lieu de leur demeure, ou sous le capitainne qui leur sera par nous désigné. Je suis, etc. — Le M^al d'Estrées. — A Nantes, ce 11 may 1690 ».

— 44 —

17 septembre 1693. -- Acte notarié par lequel Henry d'Aspremont, premier chambellan de quartier de Monsieur, frère unique du Roy, cède sa charge à messire Joseph Tuffin de La Royerie, comte dudit lieu, agissant en son nom et comme procureur de dame Anne Fleury du Pontcet, son épouse. — Cette cession est consentie sauf l'agrément de Son Altesse Royale et moyennant le versement d'une somme de 30,000 livres — Fait et passé au château de La Rambaudière.

— 45 —

19 novembre 1693. — Démission de la charge de premier chambellan de Monseigneur fils de France, frère unique du Roy, consentie par Henry d'Aspremont au nom et profit de messire Joseph Tuffin de La Royerie. — Fait et passé à Paris, Legrand et Bellanger, notaires.

— 46 —

23 novembre 1693. — Provision de la charge de chambellan de quartier de S. A. R. monseigneur le duc d'Orléans, expédiée à Joseph Tuffin, sieur de La Royerie. Donné à Versailles, signé : Philippe, et plus bas : par monseigneur, de Thesut. — Au pied de l'acte il est fait mention du serment de fidélité prêté par M. de La Royerie entre les mains de monseigneur de Chastillon, chevalier des ordres de sa majesté, premier gentilhomme de la chambre de S. A. R. Signé : Bardet, secrétaire, et daté du 28 décembre 1693.

— 47 —

10 juillet 1694. — Acte de baptême de Gervais René, né le 7 juillet, fils de Joseph Tuffin, comte de La Royerie et de dame Anne Fleury, sa femme, parrain Gervais de Marcillé, marraine Renée Le Pape, dame de Trans, qui signent avec : M. J. Tuffin de La Royerie, Marie-Ursule du Boisbaudry, Loisel, recteur.

Extrait des reg. par. Saint-Ouen de La Royerie.

— 48 —

17 may 1695. — Henry, marquis de Chastillon , chevalier des ordres du Roy, premier gentilhomme de la chambre de Monsieur, frère unique du Roy, cède à Marie de Chastillon, veuve de haut et puissant messire Joseph d'Angemée, marquis de Pouguy, comte de Concrescault, tant en son nom que comme donataire entre vifs de Louise-Charlotte de Chastillon, sa sœur abbesse de Saint-Loup, la créance de 30,000 livres due par messire Joseph Tuffin, comte de La Royerie et dame Anne Fleury du Pontcet, son épouse, montant du prix de cession de la charge de premier chambellan consentie par M. d'Apresmont à monsieur de La Royerie.

— 49 —

15 et 30 octobre 1695. -- Sentence à l'effet de rendre exécutoire au profit de dame Marie de Chatillon le transport ci-dessus indiqué.

— 50 —

12 décembre 1695. — Acte de baptême de Thérèse-Anne, née le 18 novembre, fille de Joseph Tuffin, comte de La Royerie et de dame Anne Fleury sa femme, par : messire Anne de La Haye, comte dudit lieu, mar. dame Thérèse Le Prêtre, dame de La Roche-Braham.

Extr. des reg. par. Saint-Ouen de La Royerie.

— 51 —

5 mars 1697. ·— Acte de baptême de Marie-Françoise, née le 27 février, fille de Joseph Tuffin, comte de La Royerie, premier chambellan de S. A. R. Monsieur, frère du Roy, et de Anne Fleury du Pontcet, par. messire Étienne-François de

Beauvais, prêtre, abbé commandataire de Monmoret, prieur de Marsac, conseiller du roy en son parlement de Normandie : mar. Marie Huard du Bochet, dame de La Ville-Roux.

Extrait des registres par. Saint-Ouen de La Royerie.

— 52 —

21 février 1628. — Quittance générale du prix de la charge de chambellan, donnée à M. de La Royerie par maistre Castel, conseiller du roy connestable et major de la ville de Rennes, agissant comme mandataire spécial de dame Marie de Chastillon, épouse non commune en biens de messire Augustin-Louis-Florimond Fraguier, chevalier comte de Nüe.

— 53 —

12 août 1700-6 août 1701. — Deux extraits de l'état des officiers de la maison du duc d'Orléans, pour Joseph Tuffin, chambellan.

— 54 —

22 août 1700. — Committimus valable pour un an, accordé à Joseph Tuffin, chambellan du duc d'Orléans.

— 55 —

1er décembre 1702. — Devant les notaires de la chatellenie de Fougereuse, furent présents : Très révérendes dames Françoise Tuffin de La Royerie, prieure du prieuré conventuel de La Magdelenne de Fougereuse, ordre de Saint-Benoist, et dame chatelaine de cette cour, dames sœurs Marie de Bonchamp, Catherine Amaury, Renée de Bonchamp et Guyonne Roy, religieuses doyennes et conseillères dudit couvent. — Haut et puissant messire Joseph Tuffin de La Royerie, che-

valier, seigneur, comte dudit lieu, vicomte des Portes, seigneur
et patron de Carnet, premier chambellan de quartier de son
altesse monseigneur le duc d'Orléans, petit-fils de France, et
damoiselle Marie-Anne-Françoise Tuffin, sa fille, issue de son
mariage avec dame Anne Fleury du Pontcet, demeurante en
qualité de pensionnaire audit couvent de La Fougereuse. —
Désirant seconder, autant qu'il est en lui, le bon dessein qu'il
a plu à Dieu d'inspirer à la demoiselle Marie-Anne-Françoise
de se consacrer au service de sa divine majesté dans la reli-
gion en qualité de sœur de chœur et ne voulant pas que
ladite demoiselle soit à charge au monastère qu'elle a choisi
pour sa profession, M. de La Royerie lui constitue une rente
annuelle viagère de 180 livres payable le jour de la fête de la
Conception de la Sainte-Vierge au parloir dudit couvent avec
faculté pour luy d'amortir cette pension à raison du denier
vingt. Fait au parloir du couvent de La Fougereuse en présence de maître Jan Monteul, prêtre confesseur dudit couvent
y demeurant. Signé : sœur Tuffin de La Royerie, prieure de
La Fougereuse, Joseph Tuffin de La Royerie, sœur Marie de
Bonchamp, sœur Catherine Amaury, sœur Renée de Bonchamp,
sœur Guionne Roy, Marie-Anne-Françoise Tuffin de La Royerie,
Dauguet, prêtre-curé de Carnet ; Monteul, prêtre ; Gaillard,
notaire ; contrôlé à Villiers le 14 décembre 1702 ; signé :
Bazin ; pour légalisation des signatures : Pierre Lamballay,
sénéchal de la Fougereuse.

— 56 —

19 février 1702. — Committimus valable pour un an
délivré à Joseph Tuffin, chambellan du duc d'Orléans. Donné
à Versailles et signé : par le Roy, à la relation du Conseil,
Charpentier.

— 57 —

21 juin 1703. — Paroisse de Fougerolles, diocèse du
Mans, endoiement d'une fille de Monsieur et Madame de
Baugy.

— 58 —

1704. — Inventaire des pièces que Madame la Marquise de La Royerie envoie à Monsieur d'Hozier, pour supplément aux autres titres déjà envoyés.

— 59 —

22 mars 1704. — Certificat de Charles d'Hozier, conseiller du Roy, généalogiste de sa maison, etc., attestant, à Sa Majesté et à messire Jacques de Beringhen, comte de Châteauneuf, premier écuyer de Sa Majesté, que Anne-Jacques Tuffin de La Royerie a la noblesse nécessaire pour être reçu au nombre des pages que Sa Majesté fait élever dans sa petite écurie. 22 mars 1704 ; signé : d'Hozier. — Ce certificat est précédé de l'inventaire des preuves de noblesse.

— 60 —

25 septembre 1723. — Contrat de mariage de messire Anne-Jacques Tuffin, chevalier, marquis de La Royrie, fils aisné de messire Joseph Tuffin, chevalier, comte de La Royrie et de defeunte dame Anne Fleury du Pontcet, demeurant à son château de Carnet, paroisse de même nom, duché de Normandie, assisté de messire Germain René Tuffin, chevalier de La Royrie, son frère, demeurant au château de La Royrie, et de messire Marie-Charles Tuffin, seigneur du Breil et de La Girandais, son oncle, demeurant à son château de La Girandais, paroisse de Mézière, et de messire Joseph Charles Tuffin, seigneur et patron de Ducy, son cousin germain, demeurant à son château de Ducy, paroisse de Sainte-Honorine de Ducy, porteurs du consentement verbal dudit seigneur, comte de La Royrie — et demoiselle Marie-Anne Magdelaine-Charlotte de Baugy, fille mineure de messire Eugène, marquis de Baugy, baron de Villeneuve-la-Guyard, seigneur de Goué, Fouge-

rolles, La Provostière, Fontenailles, etc., et de dame Anne-
Bonne-Caille du Fourny, assistée desdits seigneurs et dame
avec lesquels elle habite au château de Goüe, paroisse de Fougerolles, assistée aussi de messire Beuve d'Auray, marquis de
Saint-Poix, son beau-frère, messire René-Gilbert des Vaulx,
marquis de Levaré, chevalier de Notre-Dame-du-Mont-Carmel
et de Saint-Lazare de Jérusalem, dame Marie-Thérèse Caille
du Fourny, marquise de Levaré, oncle et tante de ladite
demoiselle, messire Pierre-René-Gilbert des Vaulx, comte de
Levaré, son cousin germain, messire Jacques Doynel, marquis
de Monterot et dame Honorée-Thérèse-Olive des Vaulx, son
épouse, cousins germains de ladite demoiselle, demeurants en
leur château de Boussé.

25 septembre 1723. — Acte de mariage de haut et puissant
seigneur Anne-Jacques Tuffin, marquis de La Rouërie, et demoiselle Marie-Anne-Magdelène-Charlotte de Baugy, ledit mariage
célébré en présence de René Tuffin, frère dudit marquis de
La Rouërie, Marie-Charles Tuffin, son oncle, Joseph-Charles
Tuffin, son cousin-germain, les marquis de Saint-Pois, de
Levaré, de Montuot, comte de Levaré, baron de Saint-Pois,
mesdames les marquises de Levaré et de Montuot. MM. Dupont,
prêtre, Pierre Hébert, juge de Saint-Aubin, Petiot Maubusson,
juge de Fougerolles, Servinième Couppel, procureur fiscal de
ladite juridiction, la bénédiction nuptiale donnée dans la chapelle du château de Goüe, domicile de ladite demoiselle de
Baugy.

Extrait des registres de la paroisse de Fougerolles.

15 août 1725. — Acte de baptème de Anne-Joseph-Jacques,
né la veille, environ les quatre heures du soir au château de

La Royerie, fils aîné de haut et puissant messire Anne-Jacques Tuffin, marquis de La Royerie, et de haute et puissante dame Marie-Anne-Magdelaine-Charlotte de Baugy. Le baptême fut administré par messire Pierre Dauguet, curé de Carnet, évêché d'Avranches, parrain messire Joseph Tuffin, comte de La Royrie, aïeul de l'enfant, marraine dame Anne Bonne Caille du Fourny, marquise de Baugy, son aïeule maternelle, présent Charles-Marie Tuffin de La Royerie, grand oncle paternel, seigneur du Breil, Gervais-René Tuffin de La Royerie, vicomte des Portes, oncle, qui signent avec : Renée Tuffin de La Royerie, Anne-Jacques Tuffin de La Royerie, Dauguet, curé de Carnet, M. Goupil, prêtre, Julien Le Peltier, recteur de Saint-Ouen.

Extrait des registres paroissiaux de Saint-Ouen.

Extrait des registres du greffe de la juridiction et ancienne comté de Combourg.

Audience du 12 septembre 1730. — Maistre Pierre Denis se portant procureur de messire Jacques-Anne Tuffin de La Royerie, chevalier, seigneur de La Royerie, déclare qu'il est héritier pur et simple de deffunt messire Joseph Tuffin, seigneur, comte de La Royrie, son père.

Dont acte, etc.

12 août 1731. — Naissance et baptême de Marthe-Charlotte-Marie-Claire, fille de Annibal-François de Farcy, seigneur de Mué et de Marie-Anne Lévêque, parrain et marraine Annibal et Marie de Farcy, frère et sœur de l'enfant, qui signent avec M⁰ Frin, Farcy, D'Orion, Farcy de Mué, Frin, prêtre chanoine de Saint-Rhugal.

Extrait original des registres, paroisse de Saint-Rhugal de Laval.

— 65 —

9 juin 1732. — Naissance, à 4 heures du soir, au château de La Royerie de Marie-Gervais-Eugène, troisième fils de Anne-Jacques Tuffin, marquis de La Royrie, Carnet, etc., et de Marie-Anne-Magdelaine de Baugy. L'enfant, baptisé le jeudi 12 suivant, jour du Saint-Sacrement, à l'issue de la grand messe ; parrain : haut et puissant messire Gervais-René Tuffin, vicomte de La Royrie, son oncle paternel ; marraine : haute et puissante Anne-Bonne-Eugénie de Baugy, dame marquise de Saint-Poids, tante maternelle, qui signent avec Vincente Védier, Anne-Jacques Tuffin de La Royrie, Louise Tuffin, Le Peltier, recteur.

Extrait original des registres paroissiaux de Saint-Ouen de La Royerie.

— 66 —

4 janvier 1738. — Acte d'inhumation de messire Anne-Jacques Tuffin, marquis de La Royrie, vicomte des Portes, seigneur et patron de Carnet, décédé au château de La Royerie, inhumé en l'église de Saint-Ouen. Signé : Nicolas-François Guitton, chanoine honoraire d'Avranches, curé de Carnet, Broc de La Turelière, prieur de Saint-Étienne, Sauvaget, curé de Sacez, Pierre Borin, vicaire de Carnet, J. Lorin, prêtre, Pirotais recteur de Saint-Ouen.

Extrait des registres de Saint-Ouen.

— 67 —

7 novembre 1740. — Inventaire des pièces et titres que fournit haute et puissante dame Marie-Anne-Charlotte de Baugy, veuve de haut et puissant seigneur Anne-Jacques Tuffin, vicomte de La Royerie, des Portes, Tellay, Carnet, etc., pour prouver la noblesse de Anne-Joseph-Jacques Tuffin, leur fils, pour être présenté pour être page du Roy dans sa grande écurie, envoyé à Monsieur d'Hozier, généalogiste de la maison et écuries du Roy, le 7 novembre 1740.

— 68 —

4 septembre 1749. — Partage des successions immobilières de messire Eugène, marquis de Baugis, et de dame Anne Bonne Caille du Fourny, son épouse, entre messire Beuves d'Auray, baron de Saint-Pois, à cause de dame Anne Bonne Eugénie de Baugis, fille aînée des défunts, son épouse, et dame Marie-Anne-Magdelaine-Charlotte de Baugis, fille cadette, veuve de messire Anne-Jacques Tuffin, chevalier marquis de La Royrie. — Ladite succession comprenant : les fiefs et seigneuries de Goüe, Fougerolles, Fontenailles, en pays soumis la coutume du Maine ; une maison sise à Paris ; les terres, fiefs et seigneurie de la Villeneuve-la-Guiard, situés en pays soumis à la coutume de Melun. — (Copie non signée).

— 69 —

3 juin 1751. — Certificat constatant que « Marie-Gervais-Eugène Tuffin de La Roirie a servi la Reyne avec fidélité, honneur et distinction, en qualité de page de ses écuries l'espace de trois années ». Signé : le duc de Bethune, grand écuier, et plus bas : par monseigneur : Dubourg. — *Pièce originale.*

— 70 —

26 août 1757. — Acte d'inhumation de haute et puissante dame Marie-Anne-Magdeleine-Charlotte de Beaugy, veuve de Anne-Jacques Tuffin, marquis de La Rouerie.

Extr. des registres de la paroisse de Saint-Sulpice de Fougères.

— 71 —

29 août 1758. — Contrat de constitution d'une rente annuelle hypothécaire et perpétuelle de 33 livres au capital de 660 livres, souscrit par messire Marie-Eugène-Gervais Tuffin, vicomte de La Royerie et dame Marthe de Farcy, son épouse, au profit de l'hôpital Saint-Nicolas de Fougères, représenté par noble maître Jean Chardon, sieur de Bourgtournée, son directeur et économe, signé des parties et pour caution : François-André Bourgeois, sieur de La Coutière, procureur en la sénéchaussée de Fougères. — Jumelais, notaire; Le Blanc, notaire. — Au pied de l'acte : quittance de remboursement du 6 juin 1661, signé : Lecapalain, économe de l'Hôtel-Dieu Saint-Nicolas. — *Pièce originale.*

— 72 —

25 février 1759. — Naissance et baptême de Marie-Marthe-Louise-Isidore, fille de messire Marie-Eugène-Gervais Tuffin, seigneur vicomte de La Rouërie et de dame Marthe-Charlotte-Marie-Claire de Farcy de Villiers. Parrain Joseph-Louis Tuffin, chevalier, seigneur des Portes, cousin paternel, marraine Marie-Anne Lévêque des Valettes, veuve de Annibal de Farcy, chevalier, seigneur de Mué, ayeule. Signé : Lévêque des Valettes de Mué, Tuffin des Portes, Rouërie, Tuffin de La Rouërie, de Farcy de Mué, Marie de Farcy, Farcy, Le Bœuf, curé de Bourgon.

Extrait original des registres paroissiaux de Saint-Rhugal de Laval.

— 73 —

29 novembre 1759. — Contrat de constitution d'une rente annuelle hypothécaire de 100 livres au capital de 2000 livres souscrite par messire Marie-Eugène-Gervais Tuffin, seigneur vicomte de La Royrie, seigneur de Villeneuve La Guyard, de La Chaplotte, des Villes Étables, demeurant en la ville de Fougères, — au profit de maître Joseph-Paul Courcier, René Courcier de La Pratelière, avocats au Parlement, et François-Marie Courcier de Chénée, conseiller du Roy, miseur de cette ville et communauté de La Guerche. — Signé des parties et de La Boulaye Charil pour caution, en l'étude de Guérin, notaire à La Guerche, Marion, second notaire. — Au pied de l'acte : quittance de remboursement du 19 septembre 1764. — *Pièce originale.*

— 74 —

13 février 1760. — Thérèse Annibal, fille de Marie-Eugène-Gervais Tuffin, vicomte de La Rouërie, seigneur de Villeneuve La Guyard, de La Chapetole, des Villetables, etc., et de Marthe-Marie-Claire de Farcy, née le 12, baptisée le 13 par messire Maurice-Gabriel Frain de La Villegontier, docteur en Sorbonne. Parrain Jean Annibal de Farcy, seigneur comte de Muée, seigneur de Parcé, du Chalonge, de Bréveron, conseiller au parlement de Bretagne, oncle maternel; marraine Thérèse de La Bélinaye, marquise de La Rouërie, tante paternelle. Signé : de La Bélinaye de La Rouërie, de Farcy de Muée, Védier, comtesse de Glétin, de Farcy, Frain de Farcy, Du Pontavice des Portes, de La Haye Saint-Hilaire, Tuffin de La Heuzelaye, de La Bélinaye, Tuffin de La Rallais, Le Clerc de Châteaubourg, Tuffin, Le Lays du Pontavice, de La Celle, Tuffin des Portes, de La Bellinaye de La Teillaye, Rouërie, Tuffin du Breil, Léziard de La Léziardière, Tuffin de La Royrie, Frain de La Villegontier, Faverais, curé, Bougret, recteur.

Extrait original des registres paroissiaux de Saint-Léonard de Fougères.

— 75 —

27 août 1765. — Naissance et baptême de Marie-Eugène-Charles, fils de haut et puissant seigneur messire Marie-Eugène-

Gervais Tuffin, chevalier, vicomte de La Rouërie et de haute et puissante dame Marthe-Charlotte-Marie-Claire de Farcy, vicomtesse de La Rouërie, dame de Villetables. Parrain comme porteur de procuration messire Georges-Charles Dauray, pour haute et puissante dame Anne-Bonne-Eugénie de Baugie, dame de Goüe, Fougerolle, Laprovotière, Fontenaille, etc., veuve de haut puissant messire Beure d'Auray, baron de Saint-Poix, Mongeois, Ménil Gilbert, etc., tante paternelle ; marraine Marie-Catherine-Félicité Lévêques Desvalettes, dame du Pati et du Volion, cousine germaine maternelle, présente : dame Marie Lévêque, veuve de haut et puissant Annibal de Farcy de Müe, seigneur de Villiers, de Launay, de Parcé, ayeule de l'enfant. Le registre ainsi signé : Marie Lévêque des Valettes, Georges-Charles d'Auray, Lévêque des Valettes de Müé, Comerson-Brisset, J.-B.-J. Frin, chanoine, Brisset, Rousseau, curé de Changé, Tuffin de La Rouërie père, et J.-C. Caillou, curé.

Extrait original des registres paroissiaux Saint-Rhugal de Laval, province du Maine.

— 76 —

25 may 1770. — Contrat de constitution de la somme de 150 livres de rente due par Eugène-Gervais Tuffin à Madame de Raiseur, — quittance de remboursement du 5 juillet 1770.

— 77 —

2 juin 1770. — Contrat de constitution d'une rente annuelle hypothécaire et perpétuelle de 290 livres au capital de 5,800 livres remboursable en prévenant neuf mois à l'avance, souscrit par dame Marie-Anne Lévesque des Valettes, veuve de messire Annibal de Farcy, chevalier, seigneur de Mué, Parcé, Launay-Villiers, Villetables, etc., demeurant en son hôtel, rue du Boulevard, à Laval, et dame Marie-Marthe Claire de Farcy, portant procuration de messire Marie-Eugène-

Gervais Tuffin de La Rouërie, son mari, demeurant en son hôtel, près la grand'rue, à Fougères, au profit de madame veuve de Bellée, demeurant à son château, paroisse de Maillé. — En l'étude de Duval, notaire à Laval. — Au pied de l'acte : quittance de remboursement du 15 février 1777.

— 78 —

8 août 1784. — Décès de Marie-Eugène-Gervais Tuffin, chevalier, vicomte de La Rouërie, époux de dame Marthe-Charlotte-Marie-Claire de Farcy de La Rouërie, fils de feu Anne-Jacques Tuffin, marquis de La Rouërie, et de feue Marie-Magdelaine-Charlotte de Beaugy, inhumé le lendemain dans le cimetière Saint-Roch.

Extrait original des registres paroissiaux de Saint-Léonard de Fougères.

— 79 —

22 décembre 1785. — Contrat de mariage de haut et puissant seigneur messire Armand-Charles Tuffin, chevalier marquis de La Rouerie, vicomte des Portes, seigneur patron de Carnet, Saint-Ouen de La Roüerie, Teillay, etc., brigadier général au service des Etats-Unis d'Amérique, chevalier de l'ordre royal et militaire de St-Louis, fils majeur de feu messire Jacques-Joseph-Anne Tuffin, chevalier marquis de La Rouërie et de dame Thérèse de La Bélinaye, assisté de ladite dame sa mère. — Et haute et puissante demoiselle Louise-Charlotte Guérin, dame marquise de Saint-Brice, baronne de Sens et La Chatierre, châtelaine de Saint-Etienne, etc., fille majeure de feu messire Anne-Gilles-Jacques Guérin, chevalier marquis de St-Brice, ancien capitaine du régiment de Conty cavalerie, chevalier de l'ordre royal et militaire de Saint-Louis et de dame Jacquette de Château Giron. - Les futurs adoptent le régime de la communauté suivant la coutume de Bretagne, avec les modifications suivantes : La communauté commencera au jour du mariage et non pas après an et jour, en sont exclues les dettes que les futurs peuvent avoir contractées avant le mariage, les successions futures, 24,000 livres de mobilier provenant à la future épouse de la succession du marquis de Saint-Brice, son père. — En cas de prédécès du futur époux, la future épouse prélèvera hors part, sa garde-robe, ses bijoux, un équipage attelé de six chevaux et les habits de ses domestiques, elle jouira en douaire d'une rente annuelle de 6,000 livres, si elle n'aime mieux prendre le douaire coutumier, en cas de prédécès de sa femme, le futur prenant part à la communauté prélèvera sa garde-robe, ses bijoux, ses armes, habits de ses domestiques, ses équipages et six chevaux. — Fait et passé au château de Saint-Brice. Signé : Louise-Charlotte Guérin de Saint-Brice ; — Armand-Charles Tuffin, marquis de la Rouerie. — Le prêtre de Saint-Brice, de La Belinaye de La Rouerie, de La Belinaye, de La Belinaye de Vendel, Adelaïde de Robien, dame de Largentière, Moelien, Moelien de Kerazio, George..., de Farcy de..., Modeste-Félicité-Margueritte de Farcy, du Rocher de..., Angélique de Farcy de La Ville du Bois, de Farcy, vicomtesse de La Rouerie, Guillaume-Jean-François, chevalier de Farcy de La Ville du Bois, Rose de Farcy de La Ville du Bois, Tuffin de La Rouerie, Tuffin de La Rouerie, Le Beschu de La Rallaye, L'Orfeuvre du Boisnormant, etc.

Grosse originale en très mauvais état, signée : Duclos, notaire royal, détenteur de la minute. La minute contrôlée à Fougères, le 25 décembre 1785 et insinuée le même jour.

— 80 —

Seigneurie de La Rouërie.

Grand mesurage et prisage des maisons, terres et fiefs dépendant de la succession de deffunt messire Joseph Tuffin, chevalier, seigneur comte de La Royrie, situés en Bretagne.

I. Terre seigneurialle de La Royrie ou sera pris le préciput du seigneur aisné.

1° Le manoir principal de *La Royrie* consistant dans le grand corps de logis avec ses dépendances, le principal jardin, au midy de la grande cour, clos de murailles avec l'autre jardin potager y communiquant. Le parterre et autre jardin ou étoit autrefois le bois de décoration et une pièce nommée le Domaine, plantée en allées d'ormes qui tiennent lieu de décorations qu'on a estimé devoir employer au préciput, joignant le colombier situé proche le Vauhullin. Au devant du portail de ladite maison une plateforme en demie lune qui correspond à l'avenue qui conduit au grand chemin d'Avranches à Rennes. — Les prééminences et droits honorifiques de l'église paroissiale de Saint-Ouen de La Royerie, tels qu'ils appartiennent au seigneur fondateur, deux bancs entiers au chœur et nef de l'église et un autre demi-banc aussi dans la nef, plusieurs enfeus, pierres tombales le long des gradins du grand autel, tels que lesdits droits sont décrits amplement au procès-verbal de prisage fait après la mort de Monsieur le vicomte de La Royerie au mois d'août 1684. — La terre de La Royrie est tenue noblement de Combourg, sans rachapt.

La *Retenue* de La Royerie. La métairie de la *Cour des Landes.* La *grande métairie*, la terre et métairie noble du *Vauhullin*, en la paroisse de Saint-Ouen. La terre et métairie du *Plessix-Guillou*, considéré avec cette maison la moitié du banc à queue placé dans l'église de Saint-Ouen, devant l'autel de la Vierge avec pierres tombales et enfeu. La métairie noble de La *Gaucherais*. On doit remarquer que la fondation de la chapelle de La Royerie fixée par le testament de feu monsieur le vicomte de La Royerie à 120 livres par an, est attachée à cette terre. La terre noble et seigneuriale du *Châtelet* en partie sous Combourg.

2° Sous le Roy dans la baronnie de Fougères à foy, hommage et rachapt : La terre de *Teillay*, en la paroisse Saint-Sauveur-des-Landes.

3° Le moulin à eau de La Royerie, autrement du Vauhullin, sur le ruisseau de Trouson, paroisse de Saint-Ouen ; le moulin du Val sur la même eau et sur l'eau de l'étang de Valaussy ; le moulin de Malheutre, sujet à rachapt, paroisse de Tremblay.

4° La juridiction et seigneurie de La Royerie en ce qui relève de Combourg sans rachapt, paroisse de Saint-Ouen : le fief franc de *La Lande ;* le fief et baillage de *Launay ;* le fief et baillage de Baunière ; le fief du *Petit Plessis* ; le fief de *Sevre* ; le grand fief et baillage des *Châtelets.*

. 5° Fiefs sous le Roy à devoir de rachat : le fief du *Haut et Bas homme,* paroisse d'Antrain ; le fief de *Corbigné,* paroisse de *Tramblay ;* le fief de *La Forest,* même paroisse, etc.

Nota. — Le greffe de toutes les seigneuries de La Royerie, les Portes et Teille est affermé 80 livres et en déduisant le rachat qui en est dû, on le doit apprécier pour 78 livres 10 sols.

II. Seigneurie des *Portes :* tenue sous le Roy noblement à foy, hommage et rachapt.

La métairie noble du *Chesnay,* paroisse de la Fontenelle, évêché de Dol. Le manoir et métairie noble des *Portes,* paroisse de Bazouges-la-Pérouze, consistant dans le corps du manoir seigneurial, sans aucune couverture ; la cour douvée, encore close, sans portail, etc. ; les prééminences et droits honorifiques en l'église paroissialle de la Fontenelle, tels qu'ils sont portés dans la déclaration de M. le comte de La Royerie, fournie à MM. les Commissaires de la réformation du domaine de S. M. à Fougères, 3 décembre 1683. L'étang. sa chaussée, avec deux vallées ; la chapelle démantelée ; le moulin des Portes.

Juridiction et fiefs de la vicomté des Portes, la plus grande partie dans la paroisse de La Fontenelle, relevant du Roy, sous la châtellenie de Bazouges, en haute justice à foy hommage et rachat, etc., le fief d'Antrain s'étendant dans la ville d'Antrain doit 37 sols, une paire de gans amandable et un parisis.

Terres et maisons annoblis anciennement qui relèvent noblement de la seigneurie du prieuré de Combourg, en Saint-Ouen de La Royrie.

La grande maison du bourg destinée à auberge ou autrefois pendait pour enseigne l'image Saint-Nicolas, grange, dépost au pignon de la grange, ou étoit autrefois l'auditoire.

L'ancienne métairie de *La Motte,* etc.

Déduit du sommier des terres de La Royrie et des Portes, non compris le préciput : 5,685 livres 19 sols de rente.

Copie non signée.

— 81 —

Liasse de titres divers, comprenant :

1° Une série de contrats roturiers, xvie et xviiie siècle, concernant la petite seigneurie de *Aubeclère* ou Aubouclère, en la paroisse de Gosné.

2° Actes roturiers concernant la seigneurie de Carnet, xviiie siècle.

3° Actes divers, xviiie siècle.

On n'y trouve que peu de renseignements. Il faut noter cependant une vente par licitation du 16 avril 1782, par suite du décès de demoiselle Émilie-Olive Tuffin, décédée en septembre 1779, qui a laissé pour héritiers M. Armand-Charles Tuffin, marquis de La Rouërie, *absent pour le service du Roy*, messire Gervais Tuffin, vicomte de La Rouërie, MM. du Breil Tuffin et de Monhuchon.

Bail du 20 janvier 1783 au nom de « Armand-Charles Tuffin, marquis de La Rouërie, colonel de dragons au service des États-Unis d'Amérique, où il est actuellement employé ».